喫茶店のディスクール

オオヤミノル

誠光社

KAFE
KOSEN

喫茶店のディスクール・もくじ

——奥野修さんから教わったことの僕なりの解釈です

――「パチャママ」の頃――

――反吐が出そうなくらい退屈な街

喫茶の仕事に携わった最初は、三条寺町にあった「パチャママ」っていう店。ブリキのおもちゃとか古いノベルティの看板とか、今となっては「昭和レトロ」みたいな言葉で片付けられちゃうのかもしれないけど、一九八〇年代当時はまだまだ新しい価値観であり、そういうヒップな雰囲気に惹かれて、八〇年代の後半、十代の頃から客として通っていたの。経営者が引退するっていうので受け継ぐことになったんだけど、初期費用がなかったから、本来店を畳んだ際に前のオーナーに戻ってくるはずの一〇〇万円程度の保証金を支払うことができなかった。だから初期費用が貯まるまで歩合を支払う、その代わりに前オーナーは口出しせず、運営は一切僕に任せてもらえる、という約束でスタートした。

今考えると、出来上がった店をいきなり持つことができるなんてラッキーだったけど、当時は特に喫茶店をやりたかったわけでもなかった。その頃周りに多かった、バックパッカーやって、インド行って、アフリカ行って、カリフォルニアにたどり着いて、寿司屋でバイトして、麻薬覚えて帰ってきてモテるみたいな、その感じがなんか嫌だったんだよね。モテたくはあるけど、僕もそれやらなきゃならないの？っていう。そういう時期に喫茶店を持っていうのは、モテたい自分にとってちょうどよかったんだけど、ただ店を持っていただけで、仕事はなめていたっていうか、なめてる以前だった。

喫茶店やって、ヒップな店のナウなマスターはチヤホヤされて、めっちゃ楽しいよね、なんなら金はいらないよっていう、ある意味自己実現のための店だよね。喫茶店といえば、フォークソングが演奏されてたり、ポエトリーリーディングが行われていたり、パリで、ジャズで、絵描きと哲学者が揉めてる、みたいなぼんやりしたイメージはあったけど、具体的にそんな「いい店」を作るアイデアなんて皆無。皆が外国行ってバックパッカーやって自分探ししている間に、こっちは私利私欲でカワイコちゃん探しって程度の対抗策。

結果、居てほしい客が目に見えて減っていったんだけど、その時のガールフレンドが働きに出て、店の家賃を賄ってくれてた。その頃から喫茶店に行ってガールフレンドの金で珈琲を飲むのは大好きだったけど、特別珈琲そのものに興味があったわけではない。他人の喫茶店って仕事関係なく、ボーっとしに行く場所だったんだろうね。だから「やってらんないからちょっと店閉めてイノダ*に自分探し

＊ イノダ…イノダコーヒ。堺町三条に本店のある京都の喫茶チェーン店。

に行ってくるわ」とかそういうことがしょっちゅうで。

そうこうしているうちに、前のオーナーから月々の歩率が少ないって苦情が来た。その改善策っていうのが、「定時に開店」、「会計を真面目に」、「店の美化」とか、当たり前のことばっかりなんだけど、それによって「自由」でなくなってしまうなんてそれはもはや僕じゃないし、「オレに店くれたのだから、自分の取り分は『こんなオレのキャラクター』を駆使して自分であげて」なんて勝手なことばかり言っていたよ。

当時のバイトの子らが本当に奇特で、皆タダ働き同然なのに、僕がいなくても店を開けてくれていた。結局、その子らがどっかで稼いできてくれたお金のおかげで保証金を支払うことができて経営権を譲渡してもらえることになった。無茶な話だけど、なんであんなに僕のこと大事にしてくれたのか本当に不思議なんだよね。いまだに当時の皆に謝っている夢を見るよ。

その頃やっていたことって、全くもって喫茶店でも珈琲屋でもないよね。ＳＭクラブとかヒーリングサロンみたいな、客とのやり取りそのものが商品の場を、無理やり喫茶店って自称していただけ。

今でこそ、若くしてカフェとかやっているような子らに偉そうに言ったりしているけど、実際は「自分が二十歳の頃なんてお前らなんか及びもつかないくらいめちゃくちゃだったよ」って心中思っているのね。

それなのに、なぜ危機感を持って彼らに指摘をするのかっていうと、僕らの頃は持続するために彼女の金使うとか「完全アウト」だったけど、今の子らは「ギリギリセーフ」でやってるんだよね。今の子らでも「完全アウト」だったら、「おもろいなあ。この面白さ、いつ味に影響するのかな」なんて見てられるんだけど。

「完全アウト」は現状外側で模索している段階で、いつかそれに気がついた時に再出発も改革もすることができると思う。社会の外側で模索って、自分が何かから逃げたり、嫌な何かにならないために自分を客観的に観察しているような状態。僕はその状態を「こっちのジャングル」って呼んでるのね。でも、「ギリギリセーフ」でいるために一番簡単な方法は、社会と自分との間にあるルールを拡大解釈することで、その結果としていろいろなことが薄く、軽くなっていくよね。そういう状況のやつらを僕は「あっち側」って言ってんのね。

「完全アウト」な青春を謳歌し、それを見守るのが八〇年代くらいまでの、僕が憧れた京都の感覚だったと思う。

でも「パチャママ」を辞める九〇年代後半の頃には、そういう感覚を持続させるような世の中ではなくなっていることに気がついた。ある日ふと寺町周辺を見渡した時に、反吐が出るくらい退屈な街だと感じたことがあって、その時に辞める決心がついた。

その頃の寺町には、あからさまにその場限りの客に向いた商売だったり、店舗を貸すことによる不労所得をよしとする雰囲気が濃厚だったんだよね。

そんなタイミングで、東京からやってきた同世代の男と出会ったの。彼は鎌倉でカフェを開いたばかりだったんだけど、そこのお客さんに京都の喫茶文化の話を聞いてわざわざこっちまで来て店のデザイン、サービスを見てまわっていた。二十五年も前に、自分の店のためにリサーチをし、味を探求している男と出会っちゃったんだよね。なんとも変な気分なわけ。

彼は［六曜社地下店］を訪ねた際に、修さんから［パチャママ］*を紹介されたみたいで、いろいろ話を聞いてたら、「大手の仕事がつまらないから、周りもどんどん辞めて自分の喫茶店や雑貨屋なんかを始めている人が多い」って。バブルが崩壊して、小さな規模でも会社勤めで得たノウハウやネットワークを使って、メジャーからインディーに行っちゃうってことにビックリした。その時に東京では皆「喫茶店」ではなくって「カフェ」って言ってるよなんてことも教えてもらったりして、「オレは恥ずかしいんだ」って自覚したの。そこから僕の仕事は少しはマシになろうとしていたのかもしれないね。その彼っていうのが、鎌倉の「カフェ・ヴィヴモン・ディモンシュ」のマスター堀内くん。**

そんなある日、東京で就職した「パチャママ」の元アルバイトスタッフから手紙が届いた。「東京で日々頑張ってます」みたいなことの流れで「「パチャママ」のような店を見つけました」って書いてある。東京のど真ん中で、「完全セーフ」を目指して日々忙しい中で通うその店の様子がこと細やかに綴られていたんだけど、それが全く「パチャママ」とは似て非なる店なんだよ。自分が「パチャママ」を運営する中で「このような客と、こうありたい」とぼんやり思っていたような店に、東京のどこかの町で僕の店を卒業した、素敵で面白い子が、「パチャママ」とは違うレベルでそこに通っているわけ。それ読んで、自分のやってることを否定せざるを得なかったね。自分が癒やされるために、自分で癒やす、SM喫茶みたいな店のことをダサいってつくづく実感したよ。

東京は当時から「完全セーフ」の殿堂で、二十代のやつらが各ジャンルにおい

＊ **修さん**…奥野修。河原町三条の喫茶店［六曜社地下店］マスター。シンガーソングライター、オクノ修としても活動する。

＊＊ **堀内くん**…堀内隆志。一九九四年に鎌倉［カフェ・ヴィヴモン・ディモンシュ］を開店。

て、社会のど真ん中で存在しようと必死な街。空席ができて、ちょっとでも外側から入っていこうと思っても、代わりがいくらでも出てくる。そのことを「生き馬の目を抜く」とか、悪く言う向きもあるんだけど、「ボチボチ行こか」なんて言って朝までつるんで飲んで、みんなで遅れて出社してるそのグループが仕事を回し合っている、みたいな、ギリギリセーフ側からの悪ノリ感が当時嫌だった。その頃、一生懸命頑張っている人間が居るほうが爽やかで深いよな、と思ったことを覚えている。目の前の仕事を一生懸命取り組む人の姿は、町の経済が変わっていく憂鬱を和らげてくれた。損得勘定の向こう側で働く人たちに、珈琲を淹れたり、笑わせたりすることになら、僕の自由、言い換えれば逃げ道を捧げてもいいと思ったんだろうね。

第一考──職業意識の変化

ヴィンテージウィスキーに特化した木屋町のバーのマスターが、一九七〇年代以前に瓶詰めされたウィスキーは明らかに味が違うと言ってたの。いくつか飲み比べさせてもらったら確かにはっきりと違う。もちろん例外はあるにせよ、一九七〇年までに瓶詰めされたものは現代の同銘柄のものと比較するとかなり美味しい。醸造酒と違って、ウィスキーは瓶熟成することはないから、時間を経て美味しくなっているわけではない。だとすれば、明らかに七〇年代あたりで何かが変わっているんだよね。それが製法の違いなのか、道具が変化したことなのか、原因ははっきりとはわからないけれど、ひとつは職業意識の変化っていうのが大きいと思う。察するに、物を製造する際のエネルギーが石油になり、材料は金属やプラスチックとなり、科学的な経済思考の影響であらゆる仕事に時間短縮の概念が影響力を持ち出したんだろうね。

「まだ没頭すべき仕事に出会っていないから」真剣に取り組まなくていいんじゃなくて、目の前にあるすべての仕事は損得を超えて没頭すべきことだって決まってるんだよ。

いつ決まったのかといえば、現在のわれわれのほぼすべてである資本主義の絶対要素、「無償の労働」が商品の差別化を生み、それが国力の糧となることを実現した、カルヴァン派*と呼ばれる人々がスイスに登場してからだよね。皆自由、自由って言うけど、われわれの社会においての自由っていうのは、資本主義が民主的に発展するためのものでしかない。言い換えれば、喫茶店が客の要望のもとに発展するための自由のことで、決して店が存在するために客を犠牲にする自由なんて、カルヴァン派まで歴史をさかのぼって考えても論理的に存在できないはず。経済と民主主義にしっかり支えられて、夢まで与えられているのがわれわれだとするならば、喫茶店経営に自由を持ち込む前に、仕事のルール、要するに資本主義と民主主義のルールを厳守せざるを得ない。いまだわれわれはそういった意味で不自由なの。にもかかわらず自由という概念を、例えば珈琲屋の仕事のどこに見出すのかを見誤り、味もサービスも客の自由を縛ることで成り立たせている店もある。そういう連中って皆、聖書においては神様にめちゃくちゃにされてるんだけど、大丈夫かな？

まるで、どこまでも自分は自由で、資本主義の外側で生きている、みたいなことを言うやつがいるんだけど、そういうやつが思っている以上に、いろんなことがルールとして遠い昔に完成している。そのルールに違反し、そして皆が違反することを許すことで、すべての物事が薄く、軽くなっていく。資本家が悪いっていうよりも、自由になった人間の、学力の低い、欲求まじりの妄想みたいなものがそうさせていくんだよ。

＊ **カルヴァン派**…キリスト教プロテスタントの一派。禁欲と勤勉を救済の条件とし、蓄財を肯定した予定説を提唱。ドイツの社会学者マックス・ヴェーバーは予定説を資本主義精神の萌芽とした。

かつての時代は「もしかしてオレは珈琲の仕事やってたら、珈琲以外のことでも有名になれるかも」なんて余地はなかったんだよね。下手したら、「お前の子どもも含めて珈琲の仕事をやるしかないんだよ」みたいな世界の中で、どうやって人として有意義に過ごしていけるのかって考えると、やっぱり美味いものを作るしかなかったんだよね。今の世の中、皆好き勝手「オレ的に美味い」とか言うけど、仕事において個人の自由がありとされるようになって以降「オレの理解」における「オレの美味しい」は「オレの権威」が認める。間違いなく、何かの掌の上で心地よく転がってるんだよね。

昔のウィスキー飲んだらわかるよ、二十一世紀に生きてるってことが。もちろん、今でも昔の味に迫るウィスキーを作っている人たちはいるし、彼らは歴史の中における自身の立ち位置をしっかり探求し、仕事において、ルールを課して、己を律しているからこそ古くからの美味しさを表現できるんだろうね。

多分、週休二日制が普及したこともその遠因なんじゃないかな。与えられた余暇に何をするか、という考え方自体も与えられたもので、それが大量消費につながっていった。大量消費をさせられるために余暇を与えられた、と言い換えてもおかしくない。余暇のために時間を賃金に換えることが仕事になるのであれば、あらゆる職業は虚業に近づいていくし、労働自体の価値が薄まり、労働が寸劇化していく。

一方で何が起こるかというと、大量消費のための余暇に学ぶことは本質的な学習ではなく、娯楽や暇つぶしと化していった。丸山眞男[*]であれ、カラヤン[**]であれ、対象が深刻なだけで、それらすべてが基本的には遊びや娯楽として受け取られてしまう。総暇つぶし人生時代みたいなのが始まって、その行き着いたところが現在。いいお店が少なくなってきている遠因はそういうことなんじゃないかな。

本来、美味い不味いや、美しいということは遊びではない。なんならすべて遊びではだめなんだけど、今は不味いものを美味しいということが、まるで遊びのように、まあまあ簡単にできる時代だよね。デザインのコピーも口コミの操作も簡単。本来悪い人の所業だった情報操作を、善人が当たり前のようにやってしまう時代になった。もっというと、写真さえ撮れればそれでいい、みたいな店と客との関係で商売が成り立ってしまう。

かつては、例えば僕らの仕事であれば、不味ければ経営が成立しなかっただろうし、不味いなりの値段しか取れなかったと思う。その不味さを生み出した部署や担当とか責任の所在がもっとはっきりしていたはずで、「最近オオヤの珈琲不味くない？」と指摘されたら、「君たちが値上げするなというから、同じ農園の安いほうの豆を仕入れたんだよ」とか、「焙煎機の掃除サボったから、火力不足で水残り味が出たのよ」などという、身近で具体的な話に落ち着いていたはずなんだよ。

でも、今や自分が何をやっているのかわからない作り手や、何を売っているのかもよくわからない売り手が生まれている。

例えば缶コーヒーの「モーニングショット・朝専用」とか、「なるほど」と思ってすぐに「はあ？何が？」ってなるよね。「高級生食《なま》パン」もそう。コンビニの二倍、三倍程度の値段なだけで決して高級ではないし、ましてやパンが生なわけがない。ただ消費者の劣等感を煽っているだけ。イメージで消費者を誘導するだけで、決して内容の保証はしていない。「生エスプレッソ」までいくともはや気持ち悪いよね。

珈琲屋でも、取引農園の人とのツーショット写真はその店のトレーサビリティやコストパフォーマンスをなんら保証するものでもない。スーパーの減農薬ですらない野菜のイメージ商法と同じじゃないの？何か伝えたいならスーパーの真似以外にテキストはないのかな。珈琲の原産国に足繁く通っているなんて、それこそ「だからなんだよ？」って話で、それを発信しても意味がない。もし、生豆問屋を通さずに直接取引というインディーズな物語を実現し、自分はどうありたいかを表現するなら、ステレオタイプな方法での客との出来レースや、権威が作ったフリーコンテンツの流用は、どう考えても知的ではないし、自由でもない。まして「オ

---

* 丸山眞男…一九一四—一九九六年。思想史家、政治学者。

** カラヤン…一九〇八—一九八九年。ザルツブルク出身の指揮者。

レ的」でも全然ない。

そんな人たちが例えば飲み屋なんかで、「なんで買ったかわからないもの」や「自分で作ったけどどこに関わっているのかよくわからないもの」同士の漠然とした会話が飛び交う状態を生んでいる。

その時に彼らは漠然とした権威を必要とするんだよ。消費者が消費物を消費する際に、目的達成率が最も高い、例えば美味しいでも、気持ちいいでもいいんだけど、それを実現してくれる商品がどれなのかというのが、もうわからなくなっている。だからそれを決めてくれる身近な権威を作ろうとするんだよ。

そんなことするくらいなら、もう一回ものを作るとか、育てるということに戻る努力をしたらいいのに。消費者を説得するための、権威に裏付けられたグローバルな情報は、結果的に金以外生むものはなく、「自由な自分」でいるための最も重要な「多様性」の保護すらできない。

最近、「名人焙煎家」と呼ばれるような人がやっている、伝説の喫茶店なんかに足を運んでも、考えてしまうようなことが少なくない。それって結局、名人の技術や経験値とは関係なく、消費者の余暇によって生まれた暇つぶし的思考が、客自身に利益を生む身近にあるものを「良い」とすることで、結果的に権威を生み出してしまい、それを生み出した人たちが決して不利益を被ることがないように、監視し合っているような状態だよね。世界を監視するパノプティコン＊

がインスタグラムとかでさあ。

僕はそれを「美味しい機関説」とか、「いい店機関説」とか呼んでいるんだけど。

ものは確実に不味くなっている。金払うのが嫌なくらい不味いものってなくなったんだけど、美味いもののレベルは確実に下がっていて、文化的な意味合いにおいてすごく大きな損失だと思う。同時に金を払いたくないくらい不味いものがないというのも、笑いを中心とした文化的な損失でもある。

喫茶店やあらゆる小売業を商うためには契約が必要で、契約を遵守しているからこそ自分より強い人間の奴隷にならずにすんでいるわけ。なのに契約の「オレ的解釈」や商品の物語化によってその意味が死んでしまい、結果契約違反が横行することになる。

例えば喫茶店や小商いにおいての契約違反というのは、「時にはお店であって、時にはお店でない」ということである種のメンツを保っているようなことや、珈琲を売ってその差額で利益を得るなら、珈琲のことをとことん追求すべきなのに、「パチャママ」時代の僕がそうだっ

＊　パノプティコン…功利主義をとなえたベンサムが考案した、すべての囚人を監視することができる円形の一望監視施設。『監獄の誕生』においてフーコーは権力からの監視を意識し、権力を内面化する装置としてパノプティコンを例示した。

たように、もはや目的はその差額ですらない、みたいなこと。
　例えば、エチオピアとブラジルとインドと三種類売っていて、三つ飲んでみてどれも同じ味だった、あるいは、ブラジルとかエチオピアとかいろいろな豆の種類をメニューとして提示しているのに、その違いがお客さんにはわからないほど曖昧であるとか。名前が違ったら味も違うはずだって珈琲屋のほうが勝手に思い込んでいて、さらにはそれを、プロじゃないとわからない微細な味の違いなんだって客に教え込んで、客のほうが努力してその味の違いを嗅ぎ分けるっていう状況は明らかな契約違反だよね。

　店は客と契約するんだよ。でも客は店と契約するわけじゃない。でも客と契約して店を持っている人は、どこかの客でもあるんだよ。民主主義社会を謳歌するならば、残念ながらすべては経済なんだよ。その時に、経済を無視しているふりをすることで、結果ものが売れるような状況は正しくないような気がする。

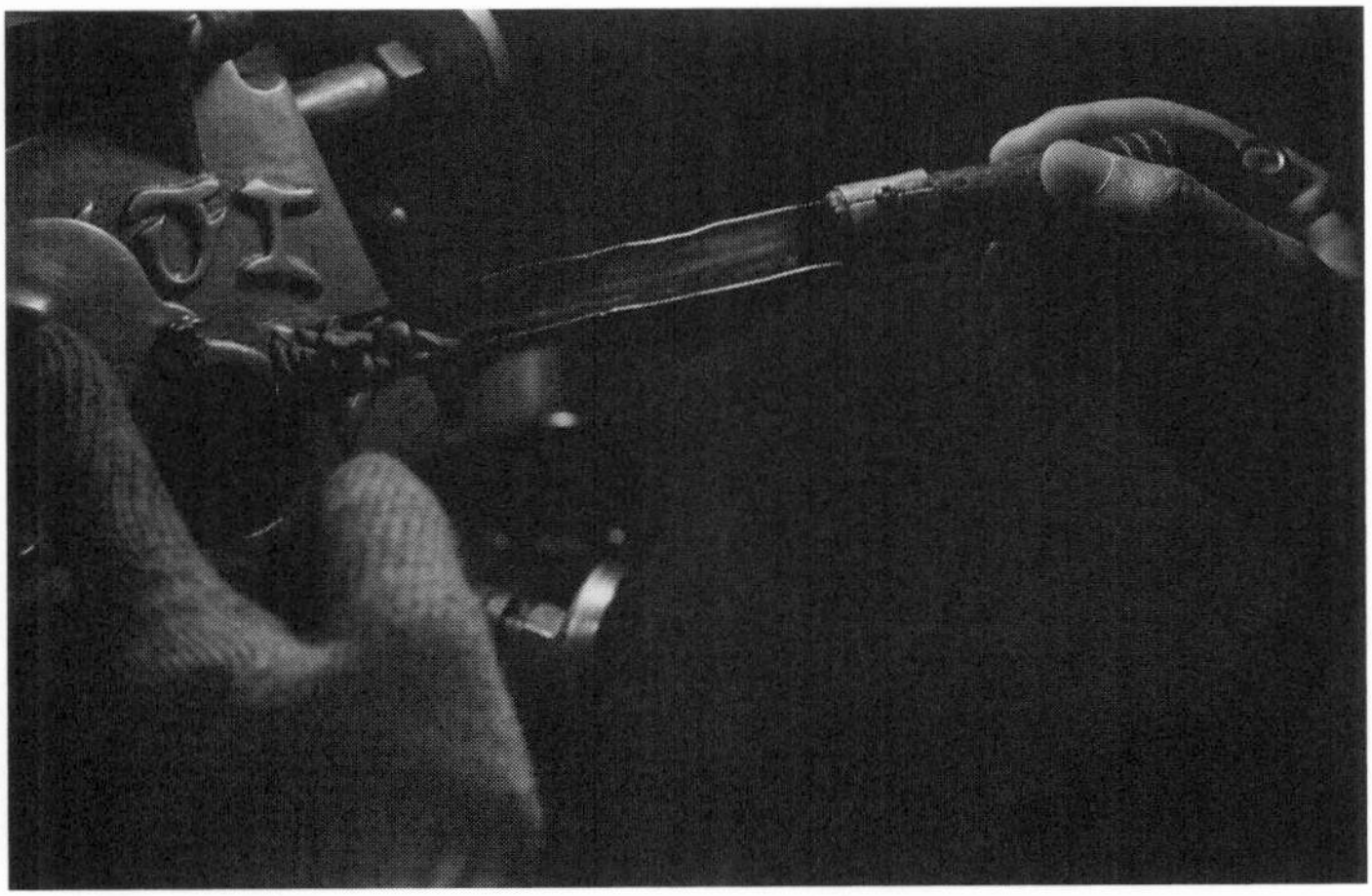

―「シティライト」の頃―

――必要とされている人に必要な味を解釈してそれを作ろう

右京区の高雄へ行く手前の、街中から離れた辺鄙な場所に、ある世代にとっては伝説的な「シティライト」っていうすごくカッコいいカフェがあった。そこが閉店するっていうから、借り受けてそのままの店名で経営を始めたんだよ。

そこは、京都でいろいろな事業を営んでいた人の実家だったの。その人は自分のビジネスが忙しくなって辞めちゃって。その後、そこに通っていた人が、そのままの名前で洋食を出すカフェを始めた。彼は山科からそこまで車で通っていて、いつも店の前にぽつんとヴィンテージカーが停まっていた。美味しいハンバーグが食べられて、まだ当時だからお酒も飲めて、その辺りの古い集落とよくなじむヨーロッパの農家風の外観で、店内にはどこかで見たことのあるようなモデルさんなんかがお茶飲んでたりする。そんな風景を目の当たりにして、「パチャママ」の子どもっぽい客との付き合いから一歩進みたいとも思っていたのか、どうしてもやりたくなっちゃったのね。それでやっていけそうなくらいカッコいい店だったしね。

まずは友だちと二人で店を直し始めていたら、「パチャママ」の客たちが「見てみたい」とか言うから現場に連れて行くと、店はめちゃくちゃカッコいいし、大工仕事の連帯感と達成感もあって、開店してからも関わりたいと言ってくれる子たちが出て来た。

だけど、給料のこととか考えるの面倒くさかったし、じゃあ共同経営にして利益が出たら山分けにしよう、ということでスタートした。その時契約書などを作らなかったのは、それが仲間だって思うほうが都合よかったから。金もなかったし、「金じゃねーよ」なんて言い訳をすぐ思いついちゃったんだよ。めちゃくちゃカッコいい店のスタートはカッコいい人間関係で、なんて思いついたところまではよかったんだけど、惜しかったね。もう少しその頃の僕が深く考えられてたら、いい店ができていたのにね。

その大工やってくれた友人は、共同経営メンバーの子に恋をして、結果ふられちゃって、それを機に経営から手を引いてしまった。二回引き留めて、一度だけ出資金返還を申し出てみたんだけど、出資したお金は受け取らずに去っていった。もう一回「お金返すよ」って言ったら受け取りそうだったから、一回しか言わなかったんだけどさあ。で、ふった女の子に彼氏ができたら、そいつが彼女に対して「なんでタダ働きなの？［パチャママ」の売り上げから給料もらったらいいのに」とか、経営のことにまで口出しし始めた。経営や雇用や分配をネタに、彼女を二人の世界へと奪還しにかかるんだけど、それってただのやきもちだよ。その子の人生観なんかに自分の影響与えようなんて変だよね。彼女が自分で決めて参加したことなのに、二人の愛の充実のために口を挟んでくる。よくあるパターンだよね。お前はオノ・ヨーコ*かって。

それまでやる気満々だったのに、男ができたら彼女とおんなじようなことを言い始めたりして、恋愛ってえげつないよな、ってつくづく思ったよ。多分彼女は充実さえ得ることができれば、それが仲間と店をやることでも愛されることでもどちらでもよかったんだと思う。本当は別物なのに、両立はできないと彼女に思わせたというのが僕とその彼とのやり方の問題だったね。

最初親からもらった一〇〇万円くらいを開店資金と運転資金に充てていて、あっという間にそれが全部なくなったから「次は共同経営者の誰かが金出して維持しないと」って話になった途端、共同経営はより充実感がなくなり、それに反して恋愛により充実感が増したところでその男に横槍入れられて、結局経営から手を引いちゃった。京都郊外のヨーロッパの田舎風の店舗は相変わらずカッコよかったけど、僕自身はカッコ悪かったね。

そうやって金にせよ人にせよ、店がだめになったことではじめて、「売り物が美味しければそこにお客さんが来て、それを作って出すためにこの人がいて、それを求めてきた人を満足させるサービスのためにこういう人が必要だ」っていう考え方をしなければならないことにようやく気がついた。

店はカッコよければなんとかなるって思って始めたら、自分のセンスをカッコいいと思ってくれる人を相手にすることになる。今度はその人たちが自分よりカッコよくならないようにする努力が始まっちゃうんだよね。要するにカッコいい店を営む自分の権威化。モノやコトの権威化、恋愛関係や家族内での権威獲得欲は民主主義を蝕むんだよ。だから「カッコいい」ではなくて、「美味しい」を基準にしないとだめなんだと思った。チンケな物語化は安易だけど、「美味しい」は民主的だからね。自分との関係性だけで人を選んで店が成立していたから、僕のことを理解してくれる人間にわかってもらうだけで、経営することが権威を獲得することに置き換わると、批判の民主性が損なわれ、客観的でなくなる。結局広がりがないチームには、リベラルな投資や客の応援、擁護がなくなってしまう。

結局、いい店はいいバンドで、美味しいものはいい曲だと考えると、どっちも簡単じゃないなと気がついたんだよ。

いいバンドを作って曲で客を圧倒したかったのに、結局集まっていたのは、店

---

* お前はオノ・ヨーコか…映画『ザ・ビートルズ：Get Back』参照。

に立ってる女の子をなんとかしてやろう、みたいな客ばっかりになっちゃったし、もうちょっと違うものに価値がないと崩壊してしまうなと。若い僕は低学力な権威を求めてたけど、完全オリジナルバンドでやりたかったの。コピーバンドは嫌だったし、今でも思っていることだけど、僕はオルタナティブでインディーでないなら死んだほうがマシなの。そういう前提の上で、より客観的な評価を得られるようなことを始めようと思って珈琲の手網焙煎を始めたんだよね。

その時に「これがオレの歌だ聴いてくれ」みたいなことをやらないことがコツだと思ったんだよ。

才能のない人間がちょっと外国行ったからとか、若くで店を持ったからって、何者かになったつもりでいたら身を滅ぼすなと思った。その証拠に一〇〇万というお金があっという間になくなって、サラ金で金借りる羽目になったからね。自分が天才的であるとか、アーティスティックであるみたいな勘違いを、若い頃ってよくするよね。なんなら日々勘違いして生きているんだけど、そうじゃなくて自分の外側に基準をおいて、ドメスティックな理由から抜け出そうっていう考え方がこの時期から生まれて、今に至るまで育んできた。当時よく聴いていた、裸のラリーズ*やアート・リンゼイ**のように、偶然としっかり握手する方法を十代の頃から毎日考えてきたのね。

「オレの味」を作ろうって思うんじゃなくて、必要とされている皆のために必要な味を解釈して、それを作ろうと。後々その「皆」のことばっかりを信用していてもドツボにはまるってことにも気がつくんだけど、その時はとりあえず客観的になろうって決めたんだよ。偶然と握手するための基礎技術と、仕事に対する基礎学力を得て、必然に対して自分はアプローチしないとだめだと。

才能のある人は美味しくないものを美味しいように提示したり、それを共通認識としてお客さんに植え付けたり、そういう政治的なこともできるんだよね。自分たちの「美味しい」は他人とは違うということを、まるで古くから続いてきた深い理論のように語ってみたりね。美味しいかどうかわからないけど「新しいからすごい」みたいな、話のすり替えの天才もいるし。僕にはそういうことできないんだよ。インディーでオルタナの凡人だから。いかに研究して構造を分析するか、あと恥をかいても反省し、修正できるか、それしか自分には残っていないんだって。

* **裸のラリーズ**…一九六七年水谷孝を中心に京都で結成されたバンド。公式音源が少なく、「轟音」や「サイケデリック」などの形容とともに、半ば伝説めいた存在となっている。

** **アート・リンゼイ**…アメリカ出身のギタリスト。一九七七年にＤＮＡを結成したのち、ソロ活動を始め、プロデューサーとしても活動を続ける。

第二考——資金の調達について

——少ない配当が意味する、関わり方の可能性例えば、自分の店を作るにあたって、佐川急便でバイトして苦労して資金を作らなくても、佐川急便でバイトするくらい頑張って出資者を探せばいい。金出してくれる人とちゃんとコンセプトを合わせられるなら、借りるなりもらうなりすればよくない？と思う。自身のアイデアや強い思いがどんな人に受け入れられて、どんな人が無視するかを知る良い機会だし、自分が好きな人が無視するのであれば、その人を嫌いになるんじゃなくて、反省してプランの再検討をするべきだよね。クラウドファンディングって、どこにあるかも知らない、関係としても存在としても遠い運営会社がマージン取るんでしょ。そんな見ず知らずの他人に一銭もやりたくないし、数パーセントでも出資者と自分がもらいたい。それだったら「なんかやるんだったら金貸すよ」ってとこから直接借りればいいのに、いざそういう出資者が現れると「えーっ」とか引いちゃうんだよ。なんでバンザイして、もらわないんだろうね。「銀行より安い利子で借りられるなら」とか提案すればいいのにね。

いろいろ不安があるならば、そこは社会との契約で乗り切ろうよ。借りた金の中から行政書士にでも、公証人にお願いして、ちゃんとした契約書や公正証書を作ればいい。手数料商売は大体社会契約の拡大解釈だから、関われば自分のビジネスを薄くしちゃうよ。やるべきことは単純で、借りたら返す、もらったら誰かにあげる、これだけ。身近なコミュニティより遠くの銀行や組織を頼りにするのは、今自身が生きている場所を全然信じていないし、信じられるコミュニティを築いてこなかった証拠だよ。小さなコミュニティの小さなお金で何かを創るアイデアを持ってないだけ。

今の若い子らの中には銀行から借りて店始めるやつらが多いんだけど、固定費に返済入ってると赤字出そうなものなのに、それでもなかなか潰れないのは、銀行が変な仕事を回してくるからなんだよね。銀行が貸してるところ同士をマッチングするなんて話も聞くよ。銀行にお金借りて、雑誌に出てくるようなカッコいいロースタリー作って、どっかの企画モノの飲食にいいように焼かされてるとか。トバないようにする、利子払う、回収する、それだけの関係だからそうなっちゃうのね。

クラウドファンディングにしても、コンセプトに賛同できる人にのみ出資を、という建前だけど、世相見てると金出してくれた人に悪く言われないように頑張るのが仕事になっちゃうよね。

結局、中間搾取の存在理由を正当化してしまうと、生身のコミュニティから生まれる信頼や許し、贈与を、ビジネスのコンセプトから排除することになっちゃうよね。銀行、再分配、世界中からの投資って、喫茶店が受け止めるには大きすぎるよ。必ず実業であるサービスや味に悪い影響を及ぼすはず。新しいカルチャーを自認してやってるのに、金の出所もやってることもめっちゃ古い。銀行のやつに「偉そうにするんだったら貸したお金引き上げようか？」みたいに迫られて、「いつか見返してやる」とか、古くない？そのやりとり。

そういえば昔、ロックバー作りたくて土方のバイトしてた時、休憩時間に同じ現場のオッサンが「ビル買うて、表が男で、裏が女の風俗にして、中で客同士やらすねん。人件費なしで総取りやで。お兄ちゃん、次の給料日一口乗らへんか？」っていう、えげつないニュービジネスの話をしてたけど、クラウドファンディングとか銀行って、どこかそのオッサンのアイデアに似てない？

以前、雑誌の仕事で訪れたサンフランシスコでの珈琲店取材で最も印象的だったのは、町やカルチャーに関わる仕事をスタートさせる時のことで、そこでは銀行に金借りる話なんて全然出てこない。大体は出資者とコミュニティ内のクラウドファンディングと仲間からのカンパ。農園にしてもカフェにしても、作るやつらって、パーティーを開いて、人を集めて資金調達をしているよね。小さなビジネスほど賛同する仲間たちがカンパしながらお金を貯めていくみたいなことをやっている。カフェするために土方するとか、長いこと皿洗いをしてやっと店持ったとか、そういうのはすごく古いって話をしてたね。僕が西海岸に行ったのはもう七年前だから現状は変わっていて、ネガティブな出来事も聞くけど、それもコミュニティが形成されるプロセスのうち。怠惰なトラブルなんかが多いなら、そろそろサンフランシスコのコーヒービジネスはコンサバなところへ売り時だと思う。バンドも怠惰な揉め事が始まったら解散だからね。

一儲けしたっていうことじゃない？
それでも、あらかじめ安全で常識的であり続けるための金をもらったり、借りたりするより素敵だよね。

どんな金でもいいけど、仕事のグランドデザインに関わるような金で始めないとだめだよ。返済または配当が仕事のコンセプトを揺るがさないよう、一切やることには口出させない、っていうあり方が容認されていない時点でもうカウンターカルチャーなんかじゃないよね。やりたいことに、やってほしい人たちが出資して、出された人たちと出した人たちのやりたいことにつなげる。例えば「配当がほしい」というのが出資者のやりたいことなら、それには喫茶店は配当が小さすぎるよね。少ない配当が意味する、関わり方の可能性を双方がどのように使うのか。

コミュニティさえしっかりしていれば一〇〇〇万円くらいは自分で集められるはずなんだよ。最近社会学や政治学の方面からよく見聞きするんだけど、地方自治体よりまだ小さな規模のコミュニティがこれからは大事で、別のコミュニティ同士のやり取りを国家が管理・保護する、みたいな国家観を持たないとだめだって。銀行で借りても、クラウドファンディングで資金集めても、結果コミュニティ外に搾取されてるだけで、コミュニティ間がつながったり、広がったりはしない。出した人間は自分の責任でもって金を回収して、その過程で自分できちんと利益を得ないといけないんだよ。そして、出されたほうは、返済や配当という仕事に終始せずに、責任を持って「美味しい」とか「ホスピタリティあるサービス」とか、現場レベルの労働システムを、人間を疎外しないようなかたちで合理化したりするだけでいい。

もし借金が返せなかったり、配当の責任を果たせなかったりしたら、それは個人の人格の問題ではなく、その組織や仕組みに問題があっただけで、それを解散すればいい。そういう関係を構築することが融資、投資のメリットでもある。融資者も投資者もいるのに、なぜもらった人間だけが責任を果たすようなシステムになっているのか。

誰からも個人が後ろ指さされるようなことがあってはいけないんだよ。金に行き詰まって首くくったとか、内臓売れとか、親戚に借りて返せとか、「はぁ?」みたいな話なんだよね。金なんて人生を左右するようなシステムではないのに、人間の関わりにおいて勝手にそういう風習が生まれてきただけで、人生が金で潰れるなんて、そんなのヤクザの仕事かヒステリーでしかないよ。「裏切られた」、とか、「大切な時間どうしてくれるの?」みたいなことに金が関わると急に重大なことになって、その金額と比例して、当事者たち一人ひとりの背負う値段や責任が重くなるんだよ。そういう価値観を自分たちのコミュニティに内包するのか否か、ということ。

例えば資金調達のためのパーティーを開くにしても、キャリアと信用がないと人が集まらないよっていうことであれば、それこそ喫茶店で仕事をし、客とコミュニケーションを取ることがプレゼンの場になればいいのにね。店主がイニシアチブをとって皆が少しずつ金出せるように仕切るのもいい。だって、毎週通っている店に落としている金って結構な額じゃない？ 僕でも好きな店には随分支払ってきたし、そもそも飲み屋のカンパから始められるようなことの積み重ねに大金を出したいけどね。京都という街には、良いパトロンでいるための教育を受けてきたしね。

その土地で楽しく過ごすために、例えば「あの店潰れるの嫌だし、全部肩代わりするのは嫌だけど、あのメニューとこのメニューだけ残してくれるなら五〇万出してもいいよ」とか。「常連でどこどこで働いていたやつがいて、自分の店持ちたがってるから皆で少しだけカンパして、そいつがその店受け継いだらいいんじゃない？」とか。そういうのをどうやって構成するかなんだよね。ただ気をつけないといけないのは、パトロンの学力が低いばっかりに、結果的に常連客の奴隷みたいな店になってしまう可能性もある、ということ。

京都の話しか知らないけど、かつてはもっとそういうことがあったはずなんだよ。ずっと京大で教授になれずに助教やってるやつに、飯食わせてくれていた飲み屋があるとか、ウチの子どもが生まれた時も何かと入り用だったんだけど、そういう時は「地球屋」* の大垣さんに頼め

＊ **地球屋**…四条河原町で営業し、京都の学生たちの憩いの場として親しまれてきた居酒屋。

ば三〇万円くらいは貸してくれるとか、そういう話がいくらでもあったんだよ。タダで飯食わせていたほうも、自分はそれしかできないからやってた、っていう感じがあった。なんともいえない可愛げがあるから飲ませてやろう、とかね。そういう小銭の集大成がビジネスに変わってもいいような気がするんだよ。

いつでもだけど、アメリカの西海岸のカルチャーって、どこよりも神様や金において、平等で人間的なんだよね。例えば、移民のやつらが、働いた分だけ報酬を受けて、一銭も資本家の手にわたらないような給与体系でやっているピザ屋があって、そういう店をみんなが上手いことバランス取って何十年も存続させているとか。

［シェ・パニース］* のシェフが独立して、ギャングだらけの街で空き家になった物件借りて、ギャング予備軍のやつらを雇って、めちゃめちゃ美味いチキンサンド屋作ったっていう話とかいいよね。作っているやつらはそれまで美味いものなんかに少しも縁がなかった連中だけど、客から「美味いね〜」なんて褒められて、目をキラキラ輝かせている少年たちがいるとかね。誰にでも関わることができる飲食、誰にでも感じられる「美味しい」は、高いソーシャリティを持っている。［シェ・パニース］はカリフォルニアにおいてそんなムーブメントを先導しているんじゃないかな。京都の飲食や喫茶店で日々行われているような贈与、交換行為もああいうかたちに発展していけばいいよね。

日本の障害者福祉施設もパン売ってたりするけど、美味しいから人が集まってるところってどれくらいあるの？っていう話なんだよ。「子ども食堂」とかももちろんあるべきだとは思うんだけど、こういう話に比べるとどこか弱いよね。

その金は贈与か分配か投資か、どこからどのように持ってきたのか。それに対して背負った責任は妥当かを深刻に考えないとね。

＊ シェ・パニース…一九七一年にオープンしたカリフォルニア州バークレーのレストラン。地産地消を心がけ、オーガニックな食材をなるべくシンプルなかたちで提供する。

──「ウサギ」の頃──

──こういうスタンスで自分がいるためには、何を得ればいいんだろう

「シティライト」の共同経営は失敗したとはいえ、経営に関わってくれたメンバーはできる範囲の落とし前をつけてくれたし、蓄えこそないけど、途方に暮れるほどでもなかった一九九五年頃、悪い癖で今度は［ウサギ］っていうロックバーを始めちゃうんだよ。窓から高瀬川が見下ろせて、春には満開の桜が眺められる五坪の小さい店があってさ、そこもマスターがもう辞めるからなんかやらない？っていつものパターンで。［パチャママ］が九時からだったから、朝までできるかもって。経営的観点からももう一店舗、とかいって始めるんだけど、そんなの全部ウソで、ただただその場所の持つ物語性が僕の中で膨らんじゃうのね。なぜか「オレ物語」の引き出しを開くような物件にいつもたどり着いちゃうのね。

よく「オオヤさんに絡まれた」とか言うやつがいるけど、僕が他人に絡んでるように思われる時って、思っていることを人に投げかけるつもりでは全然ない。よく喋る時ほどそこに自分はいないのね。自分では客観的であるつもりで、「君がこう言ってて、こうあるのであれば、こういうことになっちゃうんだけど、それについてどう思う？今言ったことって間違ってない？」っていう話をしているだけ。そこで「オオヤさんはどう思う？」って言ってくるやつがいないのが不思議なんだけど、そう訊かれると「興味なさすぎてわかんない」っていうのが現実なんだよね。構造の矛盾やタブーによる空白地帯を、ただ意味なく埋めたくなるんだよ。結果偉そうだとか意地悪だとか言われるんだけど、ただの心の病だと思う。

店に関してはその逆ベクトルみたいなものが心の中にあって、勝手に「こういう町のこの場所にこういう喫茶店があって」っていう妄想が具体的に湧いてくる。例えば和歌山の白浜だったら「昭和に栄えた温泉地のスナック街で、朝方静まり返った中で唯一モーニングを始めた喫茶店」を舞台にした小説みたいなストーリーが頭の中に浮かんでしまう。そうなっちゃうともうだめで、「シティライト」も「ウサギ」もそう。「パチャママ」の頃は成り行きで始めた自己実現みたいなものだったかもしれないけど、それ以降はある種の「見立て」みたいな感じで店を始めちゃう癖があって。でも僕が思い描くストーリーの中で自分が活躍している画はないんだよね。この場所にこういう店があればいい。とすると、こう営わねばならなくなって、それが実現されればいろいろ癒やされる、みたいな感じ。現実にある空白地帯を反現実の物語で埋めて癒やされたいと思っちゃうのね。ある意味生まれてからこれまで、ずっと現実から逃げているんだろうね。

それでバー始めてみたら喫茶店に比べて、チョロいくらい儲かったんだよ。でも、これを続けていたら必ず足をすくわれるなと。当時カッコいいと思っていたポストモダンとか構造主義とかと正反対の世界だった。

でも楽しかったよ。「店の窓から高瀬川飛び込んだら一週間なんぼでもタダで飲ませてやる」とか言ったら、本当に飛び込むんだよ、皆。で、血まみれになって店に上がってきてさあ。酒飲むとまた血が噴き出して、爆笑したよ。デカダンスってこのことだって。

だけどね、今の左京区文化*と言われるものにも感じることなんだけど、そういうことに理由づけをして食い扶持を延命させようとしている努力が見えてしまうと醒めるんだよ。これはこの場のことで、明日はもうないかもしれない、っていうのがいいのに。

そういうことと決別する段階で、いきなり珈琲を選んだわけではなく、当初は漠然と、もうちょっと根本の仕事をしようと考え始めた。お茶の栽培とか大工とか、手を使って金を稼ぐということをしようと。結局、自分さえ働いたら、お金になるシステムの中に生きたら安心だというところに行き着いた。第四次産業とか、なんか掴みづらくて個人では整理できないよね。資本があるが故の仕事に近づけば近づくほど、何が確実かわからなくなっていくし、なんでもがなんとでもなるし、それを続けている中で思いもよらない他人との関係が生まれて、ゾッとするような結果に至ったりする。

そんなの嫌だから、何かが上手になって、上手だから収入が上がって、もう少し上手くなったらもう少し賃金が上がって、そういうことを基準に据えておけば大丈夫だと。ちょうどその頃子どもが生まれる直前で、こんなに可愛いんだったらちゃんとやらなければ、って思ったんだよね。夢とか希望じゃなくて、生きていく術としてね。

そんなタイミングに修さんと会えたのもよかった。もちろん前から［六曜社］には通っていたんだけど、この時にはじめて喋ったんだよ。［パチャママ］をもう辞めて、何かしようと思ってるんだけど、それが珈琲なのか、大工なのか、お茶の栽培なのか迷っているって話をしたら、「へえー」って。「辞めるのもいいタイミングかもしれませんね」とか言うのね。内容よりもそのあしらい方、ただあしらうよりももうちょっとちゃんと先輩として聞いてくれているような、その姿勢にすごく影響を受けたね。こうなりたい、っていうのじゃなくて、こういうス

＊ **左京区文化**…京都大学をはじめとする複数の大学を擁する京都市の東北部エリア左京区に見られる、学生やその延長線上のモラトリアム人間に優しいリベラルな気風。

タンスで自分がいるためには、何を得ればいいんだろうと考えたね。修さんには物語で埋めなければならないような穴がないのね。近寄るとバレるような空白地帯というものがない。

修さんには修さんのサイズがあって、絶対にそこを逸脱したことは言わないんだよね。何がしかのルールがあって、それを守り、何かとの契約が果たされている。だから修さんは恥ずかしくないんだよね。その感じって、古いアメリカの探偵小説、レイモンド・チャンドラー*とかに通じるものがある。ゆるがないルールが登場人物の中にあって、そのことを皆「ハードボイルド」って表現するんだけどさあ。

それに修さんには「それを訊きたいならオレの世界に入ってこい」的な面倒くささが全くないんだよね。他の珈琲の先輩たちにはあるんだよ。

技術を雰囲気に変換するような世相だけど、そんなのどうでもいいといつも思う。技術とセンスを換金する以上、焙煎家は物語を持たざる得ないけど、先輩たちの美しき、面倒くささが技術を精神的なものにしてしまいそうで、僕には荷が

---

* **レイモンド・チャンドラー**……アメリカの小説家。フィリップ・マーロウを主人公にした連作でハードボイルド・ミステリの代表的作家とされる。

重かったんだよ。修さんのやっていないことを、修さんのように自分であるが故のルールを決めてやりたいと思って、例えば極端に味のことだけを考え始めた。ルールに縛られない作業なんて、何もやったことにならないっていうのを教わったね。ルールはいつも不自由であるという前提と、ルールは自分のサイズに比例するということも。

珈琲を仕事に選んだのも、結局修さんがカッコよかったから。

「昔はバンドやっていたんだけど今は喫茶店経営してて、夜な夜なウチの店でライブやってるんだよね」って人はいっぱい見てきたんだけど、修さんは自分の店で仲間とライブなんて絶対しないよね。でもミュージシャンでもあり続けている。

その上修さんは、ミュージシャンであれ、文化人であれ、いろんなことをリアルタイムで見てきた人なんだけど、決して誰のことも遠い存在として語らないよね。自分のことと横並びのようにして語る。権威化しないんだよ。

僕にとってそんな修さんへの憧れ方は屈折したもので、決してミュージシャンもやって喫茶マスターをやる、っていう意味で影響されたのではない。兼業の形式でないところで修さんのようにやりたいと思った。

それで美山に移住して、ハンドロースターで焙煎をスタートした。生活維持費が低いからやっていけるかなというのと、街中にいるといつもの悪い癖で「ウサギ」みたいな店始めたり、気の迷いで焙煎に集中できないなと。仙人的に捉えられるのも嫌なんだけど、焙煎が上手くなるための選択肢でもあった。生活費が安いだけでなく、畑とかあれば食べ物が作れるでしょう。釣って食うとか、畑を耕して食うとかはずっと自分の中にあるテーマで、釣ったものを逃がすとか、畑で花を育てるとかもあんまり好きじゃなかったから。ローコストであるから再出発に最適だし、非常に可能性は感じていたんだと思う。

第三考——ローカルであることの必然性

——鯛の代わりにもう一枚鯉食べたい

今から二十年くらい前、金がなくて美山に移住した時、すでに田舎暮らしに関する本はよく売れていたよ。あの頃から具体的なビジネスになってたんだよね、地方移住が。結局、都会と同じ種類の利益を求めるビジネス。ついてくる物語は「ゆっくり」とか「育む」とか言ってるけど、要するに二束三文の土地をいくらで売るかという話。

喫茶店って、町中で土地を買って営むには計算の合わない商売のはず。特に珈琲みたいに単価を上げにくい商品を専門的に商う場合、都会の家賃を前提に売り上げ計算したら無理だよね。銀座、あるいは京都の河原町界隈でもいいけど、高い土地で商っているからって珈琲一杯を通常の五倍で出すのはおかしいし、特別な豆使って、特別な人が淹れてくれたとしても五倍は無理。「その分客多いじゃん」っていうかもしれないけど、客が多かったらその分だけバイト雇う必要あるしね。付加価値商売なら簡単に思いつくんだけど、都会の家賃って、その付加価値の半分くらいは嘘によって作ることを強要してくるよね。

例えば珈琲屋なら、聞いたこともない資格を付加価値にしてるところがあって、よくよく聞いたらその資格は自分が作ったものだったりしてね。で、「この資格を皆と共有したい」とか言ってんのね。

もっと笑えないパターンは、元芸能人。珈琲屋の付加価値としては完全に契約違反だし、罰があたるレベルだよ。大体付加価値って、職人や専門家がつけるんだけど、嘘ついたら積み上げたキャリアが崩れるから僕はやらないよ。自分の積み上げてきた仕事で、どうやって嘘なく最大の利益を作るかを考えると、少なくとも都会の経済の裏をかくことになる。オルタナティブなビジネスの基礎的な考え方だよね。いろいろやり方はあるけど、まず思いつくのは自分のキャリアに嘘をつかずに払える家賃の実現。


その点、カフェブームにおける喫茶店はクレバーだったと思うよ。田舎のボロ小屋カフェとか、無理な家賃から逃れてビジネスとしては上手くやっていた。でもそれにまつわるストーリーが、自身のキャリアを守って商売に反映するのではなく、いわゆる「ほっこり系」みたいな、消費されやすいものしかなかったのかな、という残念さはあるよね。当事者としてはそうじゃなかったケースもあったはずなんだけど、それが消費されるに至ってから急激にそういうストーリーの店が多発するよね。その結果皆同じ方向に向いてしまう。総暇つぶし人生時代の典型で、そこには職人や専門家、あるいはオタクでもいいけど、その積み上げたキャリアから生まれる思想がない。売り物や売り方のデザインが最初からないということだよね。

せっかく消費に対して自身のキャリアを無理なく合わせていけるゆとりを手に入れたのに、結局、都会の経済と同じ状況になっちゃってる。

ボロ小屋カフェといえば、若い頃に神戸の六甲かどこかでヒッピーみたいなおじさんがやってた店が話題になってたからそこに行ってみたら、店開いてるのに裏の畑かどっかにおじさん行ってて全然戻って来ないの。やっと戻って来てカレーと珈琲頼んだらまた畑行っちゃうのね。でも、おじさんなんでもよく知ってて、農業からアメリカの陰謀まで、驚くような視点から語ってくれるのね。音楽は勿論グレイトフル・デッド*だったと思う。「デッドかかってたら珈琲が煮しまる論」とか、「哲学と本格カレーの関係」とか、帰りの車でガールフレンドと盛り上がったよ。面白いんだけど、やっぱそのおじさんのサロンではだめで、客側から生み出されるサロンでなければ、どんなにリベラルでジェンダーフリーでストイックでも、慈しみ深くても、結局は契約違反の店だよね。

経済的な合理性だけで田舎でカフェやっている人って実はめちゃくちゃ多いんじゃないかな。例えば地方の駅前なんかだと車が停められないから、車で行きやすい山の上とか町外れの景色のいいところでやるほうがいいっていう、郊外型店舗の金のない版みたいな、イオンとかとそう変わらない発想なんじゃない？ 旧経済圏の不備を指摘して、新経済圏に客を囲い込む。もはやコミューンじゃなくて王国思想だよね。

---

* グレイトフル・デッド…アメリカのロックバンド。ヒッピーたちに支持されたムーブメントの象徴的存在でもある。

皆安くて美味いものが好きでしょう。提供する側もそれに応えてなんぼ。そうすると、地方でも客が来てくれさえすれば、河原町で珈琲屋やるのと同じメニュー構成で、美山町で珈琲屋ができるとすれば三倍くらいいい材料が使えるよね。皆使わないんだけど。そこが問題なんだよ。それをきちんとやっているのが全国にポツポツとしか残っていない有名料理旅館。例えば石川県の輪島の奥のほうにある、工芸作家の人たちなんかに支持されているような宿とか。

われわれカフェも田舎でやる以上都会より安くする必要はなくて、都会とおんなじ値段で三倍いいものを出したいよね。でも、実際はそうではなくて、維持費が安いから安売りしちゃうほうを選んでしまう人が多い。前者を選ぶにはキャリアや知識や腕前が必要だから、ついつい後者になりがちだけど、本当にローカルの良さを発揮できるのは前者だと思う。

決して、他より安い場所だから「ゆっくりと死んでいける」というのがローカルの良さではないんだけど、そういう選択肢として、バイアスの低い田舎で移住や商売を選ぶ人が多いように感じるんだよね。もともと住んでいる人たちにとっては、そういう後ろ向きな選択肢として移住されることに対して不満だろうし、そういう選択肢をとる人っていうのは大体が綺麗な物語とともにその土地に現れるからそれに気づかないんだよね。その結果、もともと住んでいる人と新しく来た人が上手くいっていない、っていうケースが多い。

面白いと思ったのは、多賀町の［藤家］* さんでご飯食べた時に「鯛いらないいな」って思ったの。

さんざん鯉とか琵琶鱒みたいな滋賀ならではの淡水魚や、筍みたいな山菜食べさせてもらって満足しているんだから、鯛の代わりにもう一枚鯉食べたい。食事の後にそう話したら、「こっちの人は鯉なんて食べ飽きてるから、鯛が食べたいって言うんですよ」って。

代々近所の人たちとのつながりもあってやっているので、必然性はないけれど、なんとかして美味しい鯛を提供するしかない。

その土地の先代のどこかで、鯛や海老に対するステータスが生まれて、「冷凍技術が発達し云々」で、今となっては鯛も海老も晴れの日の記号になってるんだよね。

でも、新しくこの地でスタートする料理人なら海老、鯛なし、地元の食材のみでスタートできることはできると思うけど、土地の人の大半は海老、鯛を喜ぶわけ。

例えば、大都市のメディアやSNSが、多賀町の鯉や山菜を話題にすればなんとかなるんだろうけど、それって料理が不味くなっていくテッパンの流れでしょう？

でも、代々の店を切り盛りしてきて、地区役もやってる［藤家］の若大将には、料理人のキャリアは元より、地元ならではの調理知識と地元の人々との鯛、海老の喜びを鯉と山菜に変換させていくためのつながりがあるんだよね。

＊ **藤家**…滋賀県多賀町の仕出し屋、料理屋。本書の一部は、藤家の主人が企画する「ターン・オン・多賀町」でのトークイベントをもとにしている。

すごいのは地元の「ツレ」で、変なワイン屋とか古本屋とかパティシエとかがいるのね。たとえ彼らが都会の権威にお願いしなくても、インフルエンサーにペコペコしなくても、そのままの状態で「多賀町のあいつら面白いツマミでナチュール飲んでるよ」とか話題になったとしたら、世界中から仲間になりたいやつらが会いに来るよ、それが世界発信ということ。だから彼らは可能性持ってるし、地方議員やローカルメディアは彼らの邪魔にならないよう協力してほしいよね。

大量消費社会による総暇つぶし人生時代に個人が求める必要性へのレスポンスよりも、人や歴史や地域経済を含めた土地の求める必要性に応えることが大事。そこんとこさえ押さえてたら、ローカルの「なあなあコミュニティ」も決してしんどくはないと思うのね。

新しく来た人はそれやらなくていいわけ。全部淡水魚と地の山菜でいける。無理に鯛出して［藤家］のお客さんを奪う必要もないし、きっとそれくらいじゃお客さんは奪えないよね。でも、そんなチャレンジっていうのはあんまり見かけない。劇場型で、演劇的にそれを展開している人は時々いるけどね。

リアルに淡水魚を調理しに多賀町に移住してきましたっていう人はいないのかな。東京なんかじゃ三万も四万円もするようなものを、多賀じゃ倍のクオリティで一万円程度で楽しめる。そういう店が増えると素敵だよね。

本当は街のど真ん中ではできないことができるはずなんだけど、それがやりたくて選択している人は多くはないと思う。郊外の大型店舗とは違う、って言い張るんだけど、結局それは「自分はそういうふうには思ってない」という主張があるだけで、近所の「全部自分がやってます」焙煎珈琲も、「手作りジンジャーエール」も、「甘くないキャロットケーキ」も、全部どこにでもあるものでしかない。ただのランチなのにディナーのような盛り付けをする、とかね。

そういうものから脱却するには、ヨーロッパに根付くオーベルジュ*文化なんかはいいヒントで、シェフが家賃などのノイズを極力少なくすることで、土地の味や文化、自身のキャリアを存分に発揮しようと努力した結果であり、その土地の可能性や歴史まで広げる可能性がある。ミシュランなんかの存在によって大都市との接続すら資本主義の論理を使って持ち得ている。宿泊させるというのも正当な囲い込みで、客が泊まってでも食べたい、経験したいと思わせるものがあるからこそ。都市開発でも、町おこしでもなく、一人のシェフがやりたいことを実現した結果がローカルを刺激することになる。

イタリア発祥の、アルベルゴ・ディフーゾ**っていう、街全体がグランドホテルだという考え方があるよね。その町に適した洋服や、その町ならではの食もあって、その町で育まれた風景や思想がその町の価値となる。そこに違う価値を持った人が、自分たちとは違う価値を楽しみに来るという。

もし、アルベルゴ・ディフーゾやオーベルジュが、大量消費の商品となることを拒絶して、それが結果的にその施設や地域の価値を高めるのであれば、積み上げてきたキャリアに正直な仕事をしたい人や、そんな世界で生きたい人にとってはいいサンプルになるよね。

いま南紀白浜でやり始めた［白浜COFFEE STAND!］***はそんなチャレンジのひとつで、町自体はさびれた昭和のスナック街なんだけど、地元の食材は豊富でそれを使うレストランなんかもあるし、その土地で営む理由がある洋服屋もある。甘くはないだろうけど、大手観光ホテルの観光客囲い込みともゆっくり折り合いがつけられそうだし。ローカルでやる利点っていうのは余分な金と時間を商品開発と自分たちの経営にダイレクトにつぎ込めるってこと。［白浜COFFEE STAND!］はこれからそれができるかどうかというところで、家賃の体系としてはできるんだけど、人が足を運んでくれるようになるのにはもう少し時間がかかる。ひとつの文化的なブランディングとして、昭和のスナック街の中で喫茶店をやって、いまだにうっすら夜の街なのに朝で勝負するっていうのは面白いよね。

---

* オーベルジュ…主に郊外や地方で営業する、宿泊施設つきレストランの総称。フランスが発祥。

** アルベルゴ・ディフーゾ…分散型ホテル。空き家をホテルなどに再生し、エリアの暮らしそのものを旅行者に体験させるイタリア発祥の考え方。

*** 白浜COFFEE STAND!…和歌山県白浜町にて、オオヤコーヒ焙煎所が主催するコーヒースタンド。

ウチでもやってるけど、できるだけ現地の食材を使ってカフェのメニューを展開していくっていうのは、地方ならではなんじゃないかな。春は［白浜COFFEE STAND!］があるエリアの最後のみかんといちごを使って、夏秋は［カフェゲバ］*のある岡山の桃を使ってジャムを作って、各店舗で共有展開するとか。問題はその時に調理法を教えてくれるパティシエの子をどういうふうに巻き込んでいくかということ。

やっぱり必然性は大事だよね。白浜で営業しているのも、強くやってほしいという地元の人たちがいたからで、それもある種の必然性。面白いのは、その地域で作ったジャムをほしがるのは、そこに住んでいない人たちなんだよね。だから通販になっちゃう。僕らもやるんだけど、白浜とか倉敷とか店を出した地域の食材を使って、メニュー展開をしても、それ食べるのって観光客なんだよ。近所の人はそういうものを食べない。僕が子どもの頃はギリギリ地元の季節物を口にしていたけどね。京都のものを京都の人間が食べざるを得なかったはず。

白浜だけじゃなくて、惜しいなという町は結構多い。長野の上田、丹波篠山、京丹後、鳥取市、北海道の東川、そして滋賀県は多賀町。自分が知っているだけでも結構あるよね。各所それぞれ違いはあるけど、共通しているのはコミュニティの自然さ。幼馴染が大人になり外部を上手く受け入れながら町が動いていたり、外から幸せの追求として来た人たちが、元からいた人を上手く巻き込んでいたり、大体そのミックス。南紀白浜の場合は観光地ということもあって第三のパターンともいえる。

その労働に相応しい値付けや、学びの向上はどう考えても都会でそれを実現するより、こういった土地のほうが容易いはず。ただ、歴史が語るように「ロハス」なんて言葉で大量消費されやすくもある。

そういう矛盾、つまり世界に自分の商品を発信することに希望を感じたり、カッコいいメディアと関わりを持ちたがったりすることが、希望あるローカルな土地の値打ちをいつでも崩壊させてしまう。カッコいいメディアは彼ら、つまり都市に軸足をおいているメディアが持ち得ないカッコよさを求めているし、世界的マーケットは、超発明でもない限り、もう既に世界的売り上げに達しようとしている物を探している。

何かの必要性に応えてない店は潰れていくのが普通だと思うのね。それに対する抵抗そのものが変な現象を生むんだと思う。東京集中というのもそのひとつで、要するに必然性のない店なのに潰れることをヘッジするために、有名な雑誌やSNSに取り上げてもらうことを待ちに待っていたり、それに向けて店を作っていくとか。僕の知っている限りでは一九八〇年代中頃まで、世界のメディアは、必要性に応えてきた店を取材している。逆なんだよ。取材があったら生き残れるっていうのは間違いだし、みんな弱いよね、メディアに対して。「ローカリティ」って本来、そういうものに縛られないっていうことだよね。

＊ カフェゲバ…岡山県倉敷市にてオオヤコーヒ焙煎所が主催する、カレーライスとトーストとエスプレッソコーヒーの店。

SNSとか「食べログ」とかで、ボロカス書かれたとか言ってすごい落ち込んでる同業者とかいるのね。めっちゃ怒ってたりとか。でもあんなもんで潰れるの？店って。それに合わせることで逆につまらない店になるだけだよね。大体「食べログ」とかで点数の高い店に行ってみたら、不味くはないけど特別美味しくもない。概ね安くて量が多い、要するにコストパフォーマンスが高くて、客に寄り添ったような対応をしてくる店。自分に優しい店が好きなんだね。

地方って、どこに行ってもピザ屋があるのも面白いよね。ピザ屋ってやりやすいのかな。行政が道の駅とかで地元の若い人と一緒に何かやる時は必ずピザ屋とか蕎麦屋ができて、そのパターンでは地元の食材を使った料理を出すんだよね。で、行政絡みのそういう店にはなぜか地元の人が行ったりするんだよ。でも個人店とかがそれをやると、「なんか地元のもんばっかり売ってるね」とかいって寄りつかない。なんでだろうね。ほら、町おこし公社とかって役所とか農協とか絡んでて、「予算」なんていう言葉のつきまとう旧態依然のコミュニティ。頑張ってる料理人の「地元のツレ」たちは、そういう世界で育って今に至るのね。だから地元の人はそういう関係をも大切にするし、食に関する諸々のことに政治的に関わらざるを得ない。

悪い、とはものすごく言いづらいけど、変えないとだめなコミュニティのあり方でもある。ゆっくり変えていこうとしている人たちがたくさんいるのもよく知ってるよ。でも急がないとお金も国力も環境も人権も何もかも間に合わないと僕は思ってるから。やっぱり政治よりも、生産者と作っている人と食べる人が形成するコミュニティにイニシアチブをとってほしいよ。

例えばもっとたくさんの人が外食すればいいよね。だって料理作る役割の人からすると、本当にご飯作るのしんどい時って結構あるでしょう。家で食事用意しなかったら「ちゃんとやってない」みたいに思ったり、思われたりするの、もうやめたらいいのに。タイとかマレーシア行くと、朝から家族で屋台でご飯食べているし、アメリカでもハイクラスでない人たちほど、朝から家族でダイナーとかでご飯食べてるよね。そしたら家で食べていたローカル食材の新しい調理法を再発見したり、共有したりできるはず。三度のご飯をコミュニティの文化に、なんて言ったら何か失いそうな感じもするけど、多分大丈夫。家庭の解放が進めば、仕事に口出してくるボーイフレンドも少なくなるしね。なんならお父さんとかが「こんなのカップヌードルとおんなじ味じゃん」とか「だめだよこんなイオンのフードコートみたいな料理じゃ」とか言い出すかもしれないし、なんなら毎日皆が外食することで、これまで一五〇〇円くらいしたものが半分くらいで提供できるようになるかもしれない。喫茶店やっている人なら納得すると思うけど、今はモーニング一〇〇〇円だけど、毎日来てくれるなら五〇〇円で出せるよ、っていうこと結構あるはず。東海地方のモーニング文化とはまた違う話としてね。

要するにわれわれ喫茶店というのは地域のコミュニティというものがないと生きていけない商売でもあるわけ。味の仕事という意味においても、その地域の人に怒られたりして切磋琢磨していかないと、成長していけない仕事でもある。でも今は皆「どうだオレの珈琲は」とか「美味いだろうオレの料理は」とかマウントしながらやっていくのが普通になっていってる。でも僕の知っているかつての喫茶店は、常連に「今日の珈琲、薄いなあ」とか「冬やのにぬるいなあ」とか怒られたりしていたもんだよ。

熱くすると珈琲の味は崩れる。でも寒くって震えている人に「美味いから」ってぬるいものすすめても、客からすれば「こっちは寒いんだよ」っていう話でしょう。寒いから入ってスープを飲む、っていうことはなくても、喫茶店には寒いから温まりに入ってきた、っていう人もいる。その時にわれわれは味を追求して珈琲の勉強をしてきたとしても、絶対にぬるいものを出しちゃだめなの。そういうことを叩き込んでくれる先輩や師匠は非常にレベルが高くていい店を経営されている。

寒い町では熱く出しても美味しい珈琲の焙煎方法が発達し、その珈琲は暑い町では美味しくないとかっていいよね。出汁もお茶も各地の水の硬さや栽培、一次加工から違ってるからね。反対に珈琲という食材そのものはほぼ輸入であり地域の食材のような文化に組み込まれていない。そう思うとローカリティにおける珈琲の立ち位置はものすごく可能性を持っている。

―「オオヤコーヒ焙煎所」の頃―

――もっと必要とされるにはどうすればいいだろう

［パチャママ］を畳んで美山に移住する際、常連のお客さんや古い知人に見舞金みたいなかたちで支援してもらった。それをどうやって返したらいい？って訊いたら、焙煎した珈琲を送ってくれたらいいと。それがきっかけで、個人向けの珈琲豆の販売を始めたのね。それが少しずつ店舗への卸に発展していくんだけど、珈琲豆の卸を始めるって周りに言い始めた時に、まず河原町三条の［カフェ・オパール］*が手を挙げてくれた。当時「オパール」に卸すっていうのは注目されることでもあって、「ウチも扱いたい」っていうところがちょこっと増えたんだよね。で、手回し焙煎機では間に合わなくなって、生まれてはじめて仕事が追いつかないという事態に直面して、システムを変えざるを得なかった。

そんなときに「オパール」の小川くんが、「焙煎機買わないんですか？」って訊いてきて、「お金がないんだよねえ」なんて言っていたら、「出しますよ」って、こともなげに言ってくれた。一〇〇万円くらいする焙煎機を購入するにあたって、八〇万くらいを出してくれたんだよ。しかも返すのもいつでもいいですからって。多分三年くらいかけて返したんじゃないかな。毎回少しずつ返すたびに「無理しなくていいですよ」って必ず言うんだよ。かといって一緒に飲みに行くような仲でもないしさ。随分迷惑もかけたんだよ。店で勝手に演奏しては怒られたりね。「オオヤさんがやりたい京都と僕らがやりたい京都は違うんです」ってさ、素晴らしい怒られ方だったよ。いまだになんで金貸してくれたの？って訊くんだけど「その時たまたまお金を持っていて、オオヤさんに出したかったんです」って。

余談だけど、焙煎を始めた当初、珈琲消費の現場からキューバ革命に連帯をこめて「che' cafe」って名乗っていたんだけど、味を追求することに没頭するにつれなんか嫌になって「オオヤコーヒ焙煎所」と名前を変えたの。その話聞いて小川くんは「恥ずかしくなったんじゃない？」って言ったの。的を得ているし、やっぱり彼はカッコいいなって思ったよ。

どんな珈琲が必要とされているかを考えた時、「このカレーライスは他のカレーライスより本格派だ」みたいに、まず「他と違う」と思ってもらおう、そして名前の違う珈琲は必ず違う味がすると感じてもらおう、と思ったの。そういう焙煎レシピを作ろうとね。だから、顧客の味覚のページを開くために何が必要なのか

＊ カフェ・オパール…一九九七年河原町三条で開業したカフェ。現在は移転し祇園にて営業中。

考えたよ。それでコミュニケーションを重ねるしかないと思ったのね。

こだわりマスターが「黙って一年飲み続けたらわかるよ」っていうのではなくて、もうちょっとリベラルで客観的な商品価値を与えられるようなやり方をしないとだめだと思った。要するに珈琲の話しかしない喫茶店、しかも、こだわりマスターの専門店を、明るくてフレンドリーなサービスで、レコードとか本の話をしてくれるお店みたいな感じのやり方でできないかと。ある種のコミュニティを作ろうと思ったの。一回きりではなくて、長い付き合いの中で、いろんな種類の珈琲について、前回と今回でどう違うかという説明の手紙をきちんと自分の言葉で書き添えて届けようと。まだ一〇〇人にも満たなかったけど、「今回の焙煎はどうでした」とかちゃんと返事ももらえていた。店舗を持たない喫茶店的なかたちが徐々に定着していった感じかな。


やっぱインディーズって、お客さんの獲得が問題のひとつなのね。ビジネスにおいて独立した状態を保つ上で、取り巻く社会状況とは相容れないことが殆どだから、結果的に態度が悪いって言われがちなんだよ、個人店は。

昔から「店があってお客さんができる」とか「お客さんは店の鏡」とか言うけど、決してそんなことはなかったし、いつでも店がお客さんの鏡だったはずなんだよ。僕の若気の至りは、店がお客さんを作ると思っていたこと。本当はお客さんが店を作るんだね。もうひとつの若気の至りは、「こんな客に店を作られたくない」とも思ってたこと。でも今に至って、そうでもないかなと思うようになった。昔の友だちは、「お前モウロクしたんじゃないの」とか言うけど、そいつらは相変わらずなわけ。

余計なことを話してハートを掴んだり掴まれたりするようなことでも、職人っぽい雰囲気を押し出したりして尊敬されることでもなく、普通にお客さんが求める商品のことをきちんと説明するというやり取りだけで十分成立するんじゃないかなって。あまりにもそれをやっている珈琲屋が少ない気がしたのね。だからこのやり方でやろうと決心して、かなり頑張って顧客に対して手紙を書いていた。

そのうち、お客さんが順調に増えていって、焙煎機を大容量のものにすると、「丁寧じゃない」とか、「味が変わった」とか、必ず誰かがそんなこと言い出すんだよね。あと「オオヤコーヒ」というブランドの名前において僕が焼いていないことに関してもすごく言われた。

寿司屋行っていつでも大将が握ってくれるわけじゃないでしょう？それに、誰でも焙煎していいんじゃなくて、僕にバッチリしごかれたやつが、焼いてるのね。すごい大変な思いして焼いているんだから、と言えるようになるプロセスが大事だったんだよね、この時期は。

珈琲は適正な値付けと商品の性質において一人でやるのが難しくなる一線があって、この時期は悩んだね。現在副社長の瀬戸*にはかなり厳しいチェックと極めて細かいシステムを課して完全焙煎二人体制に入るんだけど、お客さんとコミュニケーションを取れば取るほど「一人で焼いてないイコール丁寧じゃない」の構図を乗り越えるのは大変に思えたよ。

人とやらないとだめな一線があって、そこを越えるのか、そのまま一人でやるのかは難しいところだけど、そんなこと考えている余裕はなかったね。瀬戸に対して、相当厳しくチェックして、結果僕がやっているのと同じレベルになるようなシステムを作るんだけど、結局それは客にはわかってもらえないんだよね。「結局オオヤさんが焼いてるんじゃないんだ」って。

でも一か八かやり続けていたら、結果売り上げが下がることはなかった。コミュニケーションを取り続けるってすごいことだと実感したね。ただ珈琲のことだけのコミュニケーションではすまない。つける手紙も長文になってきて、客も増え、かなりしんどくなってきたので、珈琲のことはパッケージにデザインとしてシステマチックに記載することにしたの、あくまでコミュニケーションだから手紙や対話となりうるデザインにしたいと、今に至るまで試行錯誤してるんだよ。

そんな中、瀬戸が独立するための店として「FACTORY KAFE工船」**

を用意するんだけど、開店作業の過程で僕が三ヶ月ほど入院する羽目になったのね。で、その間にやっぱり「オオヤさんとやりたい」って言われて、結局、共同経営することになった。その時にこれまでの反省を活かしてちゃんと共同経営契約書も作って。瀬戸の資金に加えて、オオヤコーヒからも出資して、焙煎機をもう一台購入して開店した。

入院して長期休んだ間に、ある部分「終わったな」って思ったんだけど、全然売り上げも減らなかったし、なおかつ契約している人たちから見舞金までもらったんだよ。普通はそこで感動するんだろうけど、「このやり方で大丈夫だな」とか思っちゃって。それはラッキーとかそういうことではなく、これまでずっと手紙を書き続けてきて、書けなくなる時には「なんで書けないのか」って理由も書いて、「手がちぎれそうなのでこれからは活字にします」「ものすごくしんどい時に、まだこれから手紙を書くのかと思ったら、あなたたちのことを憎んでしまいそうです」みたいな内情も含めてすべて説明してやってきたからこそ、入院した時に心配されて、見舞金をくれたんだと思う。僕はそこで「人ってあったかいな」

* **瀬戸**…瀬戸更紗。「ＫＡＦＥ工船」店主。
** **FACTORY KAFE工船**…オオヤコーヒ焙煎所のファクトリーワークス。自家焙煎&ネルドリップコーヒー専門店。

なんて絶対に思わない人間だけど、「必要とされてるな」という確信は持てたし、「もっと必要とされるにはどうすればいいだろう」って考えるようになった。

やっぱりそれはコミュニケーションを取っていたからだし、人の情緒、怒ったり笑ったり泣いたりすることに珈琲でどうコミットしていくか。それはインディーじゃないとできないことなのに、独立した商売をやりながらそれをわかっていない子らが多いよね。インディーを志しながら、そういう部分が欠如しているっていうことを指摘すると、必ずなんらかの反論をするんだよね。僕が修さんからそういう内容の話を耳にした時は、はっとして、「もうちょっと聞かせてください」とか言ったものなのだよ。

第四考——いいヤツでいこう

——その三〇〇〇円分は誰が泣いているのか

電気屋のタカハシくん

和歌山の知り合いで電気の設備工事をやっているタカハシくんってのがいるんだけど、彼は地元のカッコいい店をいっぱい手掛けている。彼の存在は工事業者では珍しくカルチャー的要素を持っているから、彼に仕事をやってもらうことが、ある種のステータスになっているのかもしれない。僕は酒飲むと、その彼にいっつも「工事費が高いよ」って絡んじゃうんだけど、彼は必ず「全く高くない」って反論してくるんだよ。

本当はそれくらいもらわなかったら人件費も賄えないし、彼の考える、安全で長く維持できるようなものは設置できないのね。業界の常として、例えば電気屋さんとか左官屋さんの部分で値段を吸収させようとか、そういうことをしないで、普通の見積もりを当たり前に取ろうとしているだけ。店舗工事費用のディスカウントのため、店内からは見えにくい、例えば電気屋さんが請け負う部分が値切られるとかある。それも施主のためではなく、受注元の工務店が儲けるためだったりするのね。

彼は責任を取らなくちゃいけないのに、十分な仕事環境を保証してくれないクライアントとの仕事はやらないと言ってるわけ。このスタンスって案外普通じゃないらしい。

この話ってめっちゃ面白くって、店を作る側としては、賃貸でいつか人に返す物件なんだからできるだけ安上がりで店舗工事したほうがいいと思うのが普通だよね。多くの施主は、誰が不幸になろうがちょっとでも安いほうがいいと基本的には思っているはず。でも彼はそんなことで自分たちの誰かが不幸になってたまるかと思っている。僕らは長いこと業者とズブズブで、安い、安いでやってきたからタカハシくんの値段聞いた時は「高いなあ」と思うんだけど、彼の見積もりは実は普通で、彼はその内実を論理的に証明できる。ということはだよ、ほとんどの日本の店はお店を作る時にもうちょっと払わないとだめだってこと。どこにしわ寄せがいってたんだろう、って考えると、労働時間や薄利多売でなんとかしているんだよね。実際、人間が幸せになれる労働時間で、材料や出来のクオリティを担保した見積もり通りの値段を取れている業者って殆どないんじゃないかな。

そんな電気屋のタカハシくんなんだけど、やっぱり一杯二五〇〇円で、二〇〇グラム四五〇〇円の珈琲は「高いし飲まない」、「オオヤの珈琲は美味しいけど、他に安くて美味しい珈琲もあるから」なんて言うのね。酒の場でそんな話をしながらこっちは「足りない」とか「無知」とか言うし、それに対してタカハシくんも怖い顔してるんだよ。でも僕らは何回もこの話をするの。でもいまだに僕はタカハシくんに殴られてない。

われわれ珈琲屋の「誰も不幸にならずに美味しさに責任を持てる値段」は、本当は一杯二五〇〇円くらいなんだけど、人の値段に対する無頓着が生む分断は、僕ら「ツレ」にとっては乗り越えるべき課題で、その方法はひとつだけ、知的で節度ある「なあなあ」なのね。ローカリティにはやっぱり「なあなあ」は外せないんだよ。

こういう話もルールや契約についての本質だと思う。要するに、安く工事してもらって支払うお金が少なくって、ちょっと儲かって幸せそうな顔をしている。珈琲屋も基本構造は同じ、それをクリアしてこそビジネスという一線のバランスを取らないといけない。金、技術、労働など関わるどれかひとつでもバランスが崩れたら契約違反が始まるんだよ。

一方で、彼にちゃんと正規の値段で仕事を依頼する店もあって、彼の技術や出来上がりのクオリティにきちんとお金を払っている。タカハシくんは、業者に値切るのが当たり前だと考えている大勢が言う「普通の値段」ではなくって、少なくとも周りの業者が幸せに暮らしていける「普通の値段」を押し通して仕事を続けているのね。全部が全部そうじゃないかもしれないけど、少なくともそれに向かってやっている。これが看板通りの契約のひとつなんだよ。契約履行の連鎖の結果、技術とモノは少し高くなるけど、不必要なモノや店は淘汰されて、競争は多少楽になるはず。仕事の適正料金には余裕や余暇が入っているはずなんだけど、「大量消費社会」にいいように言いくるめられて、都合のいい消費者として扱われないように注意しないとね。

でも、もし彼が「これはいけるぞ」ってなって「あの店も、この店も僕がやりました」とか言い出したとする。そして発注側も、彼に頼んだことを付加価値として店を宣伝して、「彼の

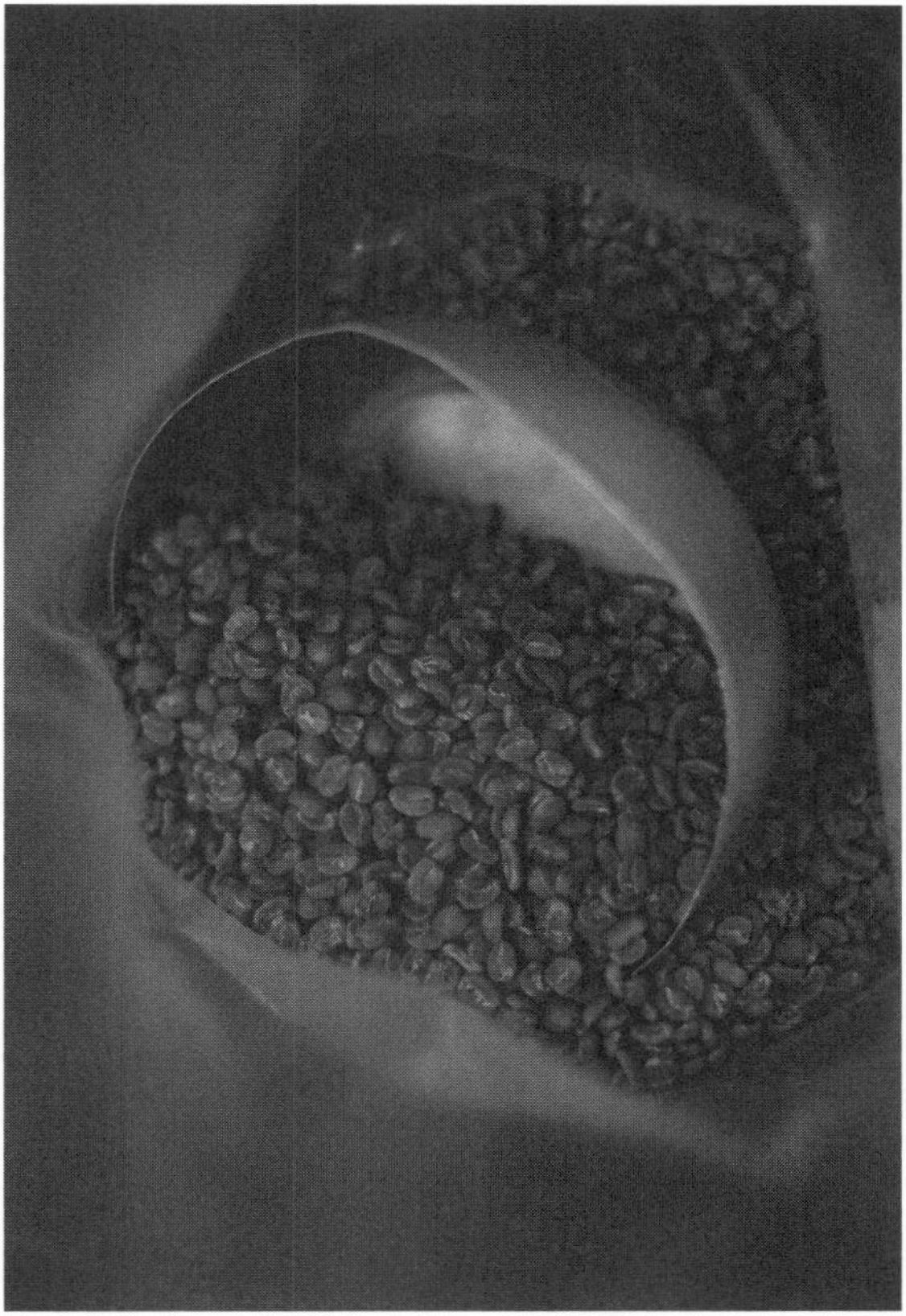

しまいに「タカハシくんのつけたコンセントです」とか言いはじめて、「これは芸術だ」とか、なんかお湯が美味しくなるんだよね」とか、そういうことになっていく。それにサービスを提供する側も消費者側も乗っかっていってしまうと徐々に、両者ともが契約違反に近づいていく。

「その代わり仕事はきっちりやるよ」っていうのがタカハシくんのスタンスなんだけど、なぜか技術もないのに、スタイルだけ彼の真似をしているような人が同じくらいの値段を取り始めて「最高級生《なま》電気工事匠」みたいなケースが増えるのね。それはカフェ、喫茶業界でも同じで、本来、技術とかサービスのような価値が、よくわからない情報のようなものに取って代わられつつあるんだよ。

例えば、美味いとか不味いとか一切関係なくて、SNSでバズって集客させる、人が動けばカネになるんだよ、っていう商売もあると思う。珈琲なんて赤字だけど、人が動けば別のところで金が儲かるっていう。それはそれで成立しているんだったら勝手にすればいい。僕は嫌いだけど。

でもそれはもはや喫茶店ではないよね。契約を違反しているし、それは必ず悪いこと、例えば原発が事故って皆が不幸になるみたいなことにつながるはず。「飛躍している」って言われるかもしれないけど、関係ないと思っている人は呑気だし、無責任だと思うよ。こういう世の中だから原発から放射能が漏れて社会全体が不幸になっているはず。珈琲屋でもなんでもないのに、珈琲を売って、あるいは売るふりをして、別のところで儲かっているみたいな状況を許していることが元凶。なんで普通の喫茶店が、「ミニ・スターバックス」みたいなことやってんの？って。

さかのぼると一九七〇年代あたり、つまり高度経済成長期が終焉を迎えて以降、あらゆる業種が大手資本に収奪され、ブランディングされて、ローコストで安いものを大量に売ることにつながっていった。研究者や思想家のような人たちがよく言ってることだけど、五〇〇円のTシャツを販売している裏で誰が泣いているのか。本来三五〇〇円でしか作れないようなものなのに、その三〇〇〇円分は誰が泣いているのか。このようなことは珈琲にもそのまま当てはまる。どう考えても無理のある話のしわ寄せが、自然や人間の生活が破壊された結果、五〇〇円のTシャツや一〇〇円の珈琲を可能にしているんだよ。

例えばスローフードもそうだし、トレーサビリティを大事にした何かもそう。最近のビオワインや、マイクロブルワリーとか自家焙煎もそうだよね。皆人に向き合って誠実に、契約を守って嘘のないお金をもらうという方向にいつでも進もうとしているのに、ある程度成熟してくると、でっかいスーパーとかがものすごい資本をもってして、彼らの言葉を使い始める、っていう堂々巡り。

NOILLY ROUGE
NOILLY DRY
NOILLY ROUGE
NOILLY DRY

例えば、契約不履行していない、つまり、近しい自分のコミュニティに対して正直である仕事のあり方が、どんどん大企業のブランディングに利用、収奪され、空洞化していく。でも今や、その大企業が作った価値観に個人が影響されて、それを土台として一から何かを始めてしまうことが多い。

例えば喫茶店なんかだと、店の前に「スペシャルティコーヒーありますす」なんてポスターを掲示してしまう。「当店はスペシャルティコーヒーのみを使用しています」とか。「で、どうしたの?」っていう話だよ。でもそれをお客さんが勝手に解釈して、たとえ自分があまり美味しくないと思っても「ここのは美味しいらしいよ」と思い込んじゃう。それに対して「いやスペシャルティっていうのはそういうことではなくて」って、店のほうもきちんとお客さんに説明することなく、勘違いで受け入れられていることをさらに受容してしまう。自分はそこまで勉強もしてこなくて、経験値もまだ浅いのに、なぜかお客さんは美味しいと言ってくれるから、やめてくださいとは言わずに黙ってお金もらっちゃう。だから詳しいことを突っ込んで訊かれるとものすごくビクビクする、とかね。

他の業種で例えるなら、いい居酒屋が二代目になったら突然脈絡なくイベリコ豚*を出し始め

---

* **イベリコ豚**…スペインで食用に飼育される豚の一種で、血統により選別される。

るとかそういう話。問屋も含めてめちゃくちゃファジーにイベリコ豚というブランドが扱われていて、イベリコ豚かどうかもわからないイベリコ豚が流通していて、それがイベリコ豚かどうかもわからない素人みたいな調理人が、その曖昧なブランドに乗っかって「イベリコ豚のロースト」とかいう名前で出しちゃう。あと「生《なま》」ね。「生エスプレッソ」とか意味わからないよね、ひとつも生のものはないのに。生チョコとか、イメージだけで食べてるほうもその気になっちゃう。文化の質の低下と資本主義の発達がセットって、いったい何主義なんだろうね。

自然派ワインなんかは生産数も決まっているし、スタートがアンチ大量消費だから、今のところはまだ誠意を持って生産、販売するシステムができているよね。でも、そのうち加水したりとか、どんどん粗悪なものも出てくるだろうし、飲むべきものでないものまで「ナチュールだからいいよね」とか、だめな発酵をしてしまっているものに対しても「これはちょっと珍しい発酵だよ」とか言い出すような状況も来るかもしれない。すでに自然派じゃないワインなのに、エチケットはナチュールっぽいものとかも出てきてるし。

イベリコ豚が悪いわけでもないし、ナチュラルワインが悪いわけでもない。そこに調理人の努力や知識がなく、権威の共有で提供側と消費者側が噛み合ってしまうことが、契約違反なんだと思う。お金と正直な関係で仲良くしたいわれわれは、「話せるツレ」同士でお金と何かとの交換をするしかないから、どう「いいヤツ」で存在できるかを考えなければならない。

自家焙煎が流行って、マイクロブルワリーが流行って、ナチュールが流行って、日本酒が流行ると。それらは全部同じく、手作りで、誠実なプロセスがあって、作っている人と売る人が連携、あるいは一緒で、皆が過不足なく生活できるサステナブルな値段ってなんだろうって真剣に考えているのに、「持続可能ななんとか」とか、イメージですぐに消費されてしまう。「SDGs」なんてそれの最たるもので、言い出した段階で終わってる状態。われわれは個人の状態でそれをどう守れるかということを考えなければならない。お金を生み出すには人が働き、お金を使うことは人を働かすこと。このバランスの中に人間的とされる何かがあることは確かなんだから、人が働いたら誰かが救われるはず。それを実現させられてなくて何がビジネスだよ。

結局「いいヤツ」でいることでしか、人と人が何かを交換して、会話して、喧嘩して仲直りして、ってていうことをやっていけない。

倫理的とかそういうことじゃない。例えば「原理的な意味においてのいいヤツ」みたいなのって存在しないし、もしそんなものが記号としてでなく、実際に存在するなら、僕らがこんな本出したら「ちょっと君たち、脳の手術しようか」みたいなことになるよね。

全体の中でいいヤツになんてなれるわけがないけど、ある価値観を共有したコミュニティの間でいいヤツであるべき。「絶対としてのいいヤツ」って専制国家元首でしょ？「美味しい」も同じように考えてみて。ある価値観を共有するコミュニティにおいて、関係性として「いいヤツ」として機能できるかどうかが問題。

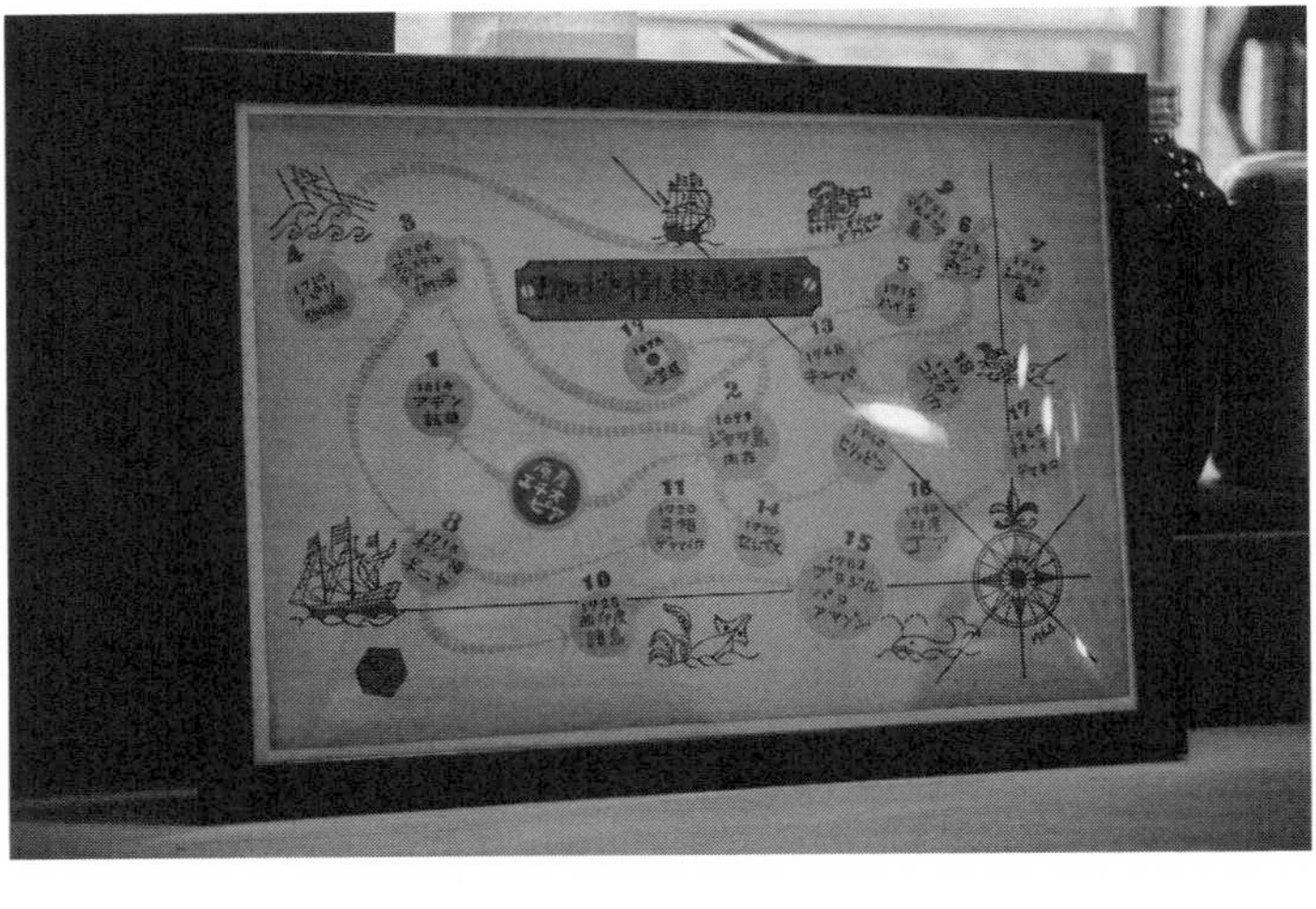

――サンフランシスコ視察と「ＫＡＦＥ工船」の頃――

――音楽をやらずに珈琲をやったやつらがこうなんだ

二〇一一年頃、雑誌の取材も兼ねてサンフランシスコの珈琲屋を視察にいくんだけど、そこで、売り上げから差額を残すやり方に自己表現がある、ということを目の当たりにして驚いたね。それに彼らは自分の育んだ仕事を大きくして売る、ということにもクリエイティブな正当性を持たせていた。事業を大きくするプロセスに社会性を重んじる人が多いんだよね。

一番はじめはサンフランシスコに関して、「DIYが普通のエリア」だっていうのを、岡本仁*さんが編集した「BRUTUS」の記事を読んで知った。誌面を見ていると、エスプレッソマシンとか、日本とはまるで違うものが置いてあって、それらすべてに、自分たちで触った跡があったのね。それに、今となっては当たり前なんだけど、それまで喫茶店としては見たことがなかったような、工場みたいな内装の店があって、僕としてはガレージロックみたいな印象を受けた。既存のロックンロールを自分たちのできる範囲で、改造した楽器とかアンプで、スタジオでもなんでもないガレージで練習しているのが、結果ライブになってるみたいな。

今までは大坊さん等**、カードウェーブ以前の先人が積み上げてきたことを解釈し、必然性をもとに自分の仕事へと再構築する、みたいにやってきたつもりだったけど、彼らを見て、はじめて珈琲っていう仕事に音楽を感じたの。音楽をやらずに珈琲をやったやつらがこうなんだ、って勝手なイメージが膨らんで、岡本さんに連れて行ってもらうことになった。

実際現地を訪れたらやっぱりカッコいい。なんせカッコよくって、帰り際に気づいたことなんだけど、誰一人としてうざくないのね。珈琲の理論とか、自分で改造した焙煎機のことをめっちゃ語り出したりしない。「買った車をオレなりに改造してみました」くらいのノリなんだよ。

こんなカッコいい店をどうやって作ったの？って訊くと、「仲間がいて皆で一緒に作った」と。もともとマーケットで屋台を出していて、そこで人気が出たから店舗を始めるにあたって、工事中の店舗の前でも屋台やったら皆がそこに集まってくれる。で、友だちが毎週一回手伝いに来てくれて、その屋台がどんどん

---

* **岡本仁**…元マガジンハウス、現ランドスケーププロダクツ所属の編集者。『カーサブルータス』誌上でのサンフランシスコ取材をきっかけに、オオヤの著作『美味しいコーヒーって何だ？』を担当。

** **大坊さん**…大坊勝次。東京、表参道の喫茶店「大坊珈琲店」のマスター。同店は二〇一三年に閉店。

内装ができるにつれ、店の中に入っていくみたいなさあ。ショックだったよ。僕も屋台やってたし、なんなら大工の友だちもいるけど、って。でもそういうやり方に全然頭が追い付いていなかった。

珈琲という商品も彼らにとってはまだまだ新鮮で、スターバックス以前とは違う食材として調理のあり方を新たに考え、スターバックスとは違うかたちの成功を求めている。SCA（スペシャルティコーヒー協会）は結果的に、このような夢と希望と着想を生み出したんだよ。珈琲を、若者が真剣に関わるに値するコンテンツにしたんだよね。

それって結局DIYとインディー精神っていうのかな。誰かにコントロールされたり、今まであったことをなぞって、行き着くところだけがオレ風、みたいな安易な創造じゃなくって、なぞったら行き着くところもおんなじだから、はじめから違うやり方をする、みたいなこと。DIYだからといって素人が作ったものじゃなくって、DIYだからこそそのものがちゃんとできているんだよ。そんな考え方日本では見たことなかったし、そういう考え方をするアマチュアって、日本ではよく「面倒くさい人」とか言われてスポイルされがちだよね。

サンフランシスコが特殊なのかもしれないけど、皆が人を大事にしていて、特に変わった能力を持った人間は多少面倒くさがりながらでも大切にしている。例えば、メッセンジャーバッグを最初期に作った、エリック・ゾー*っていう人物がいて、彼らにその話を訊くと「あー、あのおっさんね」みたいな怪訝そうな口ぶりなんだけど、「まあ自転車でうちの珈琲は配達してもらってるけどね」とか、ちゃんと仕事は依頼していたりする。街全体で人材を育てて大事にして死なないようにしているんだよね。「街と喫茶」を考えた時に、喫茶店以前に、どんな街に住みたいかというイメージがより具体的なんだよね。

彼らの話を聞いていると、客に求められていない店を作って「オレのカフェどう、ちょっと早すぎた？」なんてことには意味がないと考えているように見えたんだよね。まず前提条件が違って、客に必要とされている場所で、自分がやりたいことをどう作っていくかみたいな。皆が何をほしがっているのかっていうのを理解した上で店を始めている。マーケティング・リサーチともちょっと違って、まだ必要とされていなかったとしても、「このエリアに空き家が増えないようにオレはカフェをやる」みたいなプレゼンをして賛同者を作るようなこと。店をや

＊　**エリック・ゾー**…サンフランシスコのアーティスト、メッセンジャーバッグのブランド「ZO BAGS」の創始者でもある。

る側にも出資する側にもすべてに必然性がある。どちらかといえば、「オレらのカフェのあるコミュニティどう、ちょっと早すぎた？」みたいな感じだね。

ひとつのエリアに同じ珈琲屋がいくつかできたとして、それは誰から出資してもらっているのかが、ダサいとか、カッコいいとかを判断するひとつの評価軸になっている。新しい街に対して新しい店を開く、そのコンセプトを実現するための材料、つまりお金はどういうタイプのものなのか、というところまでが問題視されているんだよね。それによってどういう結果が町に反映されるのかということを喫茶店ごときでも考えられている感じがあった。あとになって時々はネガティブな話も耳にするけど、大体が贈与されたものの内部再分配の方法が古すぎるか、幼すぎるとかそういう話。ガレージバンドが有名になっておかしくなるってやつね。

二〇一二年、倉敷に「カフェゲバ」をオープンする際には、サンフランシスコで見てきたものの影響がものすごく強かった。でも、それを取り入れるに際して、店舗デザインやメニューにローカリティをどう取り入れるかで苦労したよ。特に珈琲は一〇〇パーセント輸入だから。

昔読んだ山下洋輔*の自伝に「日本人のジャズとは？」という問題提起があって、「ジャズを尺八で吹く」みたいなことにならないためにはどうするかっていう話が参考になったね。資金調達にしても、具体的な出資者なんて見当たらなかったけど、オオヤコーヒ焙煎所が来てくれるならローコストな条件を作ろう、と働いてくれた人たちや、地元でしか手配できない改装に関わる諸々をコーディネートしてくれた人たち、それにオオヤコーヒだからって最初に来てくれたお客さんたちはある種の出資者だと思ってる。

内装に関しては、寒くないように、暑すぎないように、珈琲一杯分の時間を快適に過ごせるように「何もやらない」ことを意識した。

当初、観光客を無視して、地元で働いている人たちに休憩中に使ってもらえるように、椅子を置かずに立ち飲みでっていう設定だったんだけど、結局働いている人は休憩の時には腰掛けたいし、観光客のほうが多いしで、なかなか理想通りにはいかなかったね。

自分がやりたいコンセプトと、人のお金や労働をどうやって合わせていくか。銀行に対して安定した返済をする、っていうのは、美味しい珈琲とか町に求められている喫茶店を作りたいっていうのとは一切関係ない。安定した収入があった

* **山下洋輔**…ジャズピアニスト。日本におけるフリージャズの第一人者としてだけでなく、数多くの著作を持つ名エッセイストとしても知られる。

らそのコンセプトが実現するんじゃなくって、そのコンセプトで安定させないと意味がない。何一つ切り離して経営しちゃだめだってことをサンフランシスコで学んだ。
それってヒューマニティが関わっているということだし、彼らのビジネスは人間を疎外することではなくて、マルセル・モース*の「贈与論」みたいなことの、体験と実践の場だとさえ思ったんだよ。市民社会を尊重する、みたいなことが徹底されているように見えたんだよ。

もらったら返すんだけど違う人に返す。もらった分より少なく返すんだけど、揉め事を避け、権力の逆転表現としてへりくだってもらうのではなくって、誰に返すのかとか、どういうパターンで返すのかっていうので、協調性みたいなものが表現されるという。そういうことが身についていたんだよね。

日本では、僕らくらいの規模の投資や出資の多くは、結局貸した金いつ返してくれんの?とかもっと出したらもっと利益出してくれるの?っていう話でしかない。やってることは贈与なのに、関わる権利も、義務も、本来の意味から離れて、貸したやつが偉くて借りたやつが惨めになるだけ。それは贈与という風習の悪用であり、旧いビジネスでしかない。かつてのビジネスは人間を疎外してきたけど、「マイクロビジネス」は人間を疎外しないことから始めるべきだよね。

＊　**マルセル・モース**…フランスの文化人類学者。『贈与論』はその代表的著作。

小さな土鍋展

第五考——共有財産の私物化と、権威主義の横行

——共有の場であったはずの店が私物化されることによって、結果弱くて小さいコミュニティのための場所としてしか存在できなくなってしまう

私有財産はすごく大事だけど、共有の財産を皆で作らない？って思う。
例えば、地域の銭湯とかにその銭湯文化圏外の人が入ってきて、かかり湯しないまま湯船に入ったら、めっちゃ怒られるよね。風呂屋はオーナーのもの、だがしかし、毎日入っているのは僕らだから、この湯船が清潔であるのはわれわれの責任でもある。だからそのへんのガキがかかり湯も浴びずに湯船に入ったら怒られる、っていうあれだよ。

例えば脱衣所に、銭湯を経営している家族が生活用品なんかを置き始める。でも、そこは客の場所だから倉庫を兼ねちゃ本当はだめなんだよ。銭湯は共有の場所であることでお金をもらっているから。共有を売り物にしている銭湯は場所を私有化してはいけない。その売り上げはあくまでも、コミュニティにとってより良い銭湯であろうとする返礼を含めた私有財産なんだけど。

銭湯が潰れたり、堕落していくのって、共有意識の欠落だったり、銭湯を経営する家族のものを脱衣所に置いていることを許容している客との関係がその原因なんだよ。それが結局共有財産であったはずの銭湯を、スーパー銭湯的な存在に対抗できないものにしていく。本来、金を払って風呂に入るだけではない機能を持っているのが銭湯なんだけど、客や経営者が私有化し始めた途端、その機能は損なわれていく。それだったら家で風呂入ろうかとか、義理人情でなんとか通ってあげる、みたいなことになっていくんだけど、義理人情なんてそんな長くは続かないよね。

今や、老舗のスーパー銭湯なんかのほうが、別の意味での共有財産、例えば非日常の場として存在している。でも、そこには生活がかかっている経営側の人間の顔が見えないよね。雇用のシステム上、番台に座っている親父が明日、今日よりもうちょっと豪華な晩酌ができるかどうかがかかっているから頑張って仕事をする、みたいなことは見えてこない。

かかり湯をしない人は、客からのクレームを受けて係員が注意して、風呂上がりに脱衣ロッカーの鍵での電子決済でなんでも買えるしなんでも食える。そんなの「湯〜トピア」ならぬ「ディストピア」だよ。喫茶店もそのうちスーパー銭湯化していくんだろうね。

消費者の自由にできるところが共有地ではないし、消費者は清潔な湯において平等で、それを主宰する人にとっては、より自由にできないことが商品価値となる。場所っていうのは例外なくそういうもの。

面白いのは、風呂って薪で沸かすとそこらの温泉なんかよりもずっといいお湯になるんだよね。そしてその薪っていうのは家屋を解体した廃材を使うことが多い。でも家を建て替えると

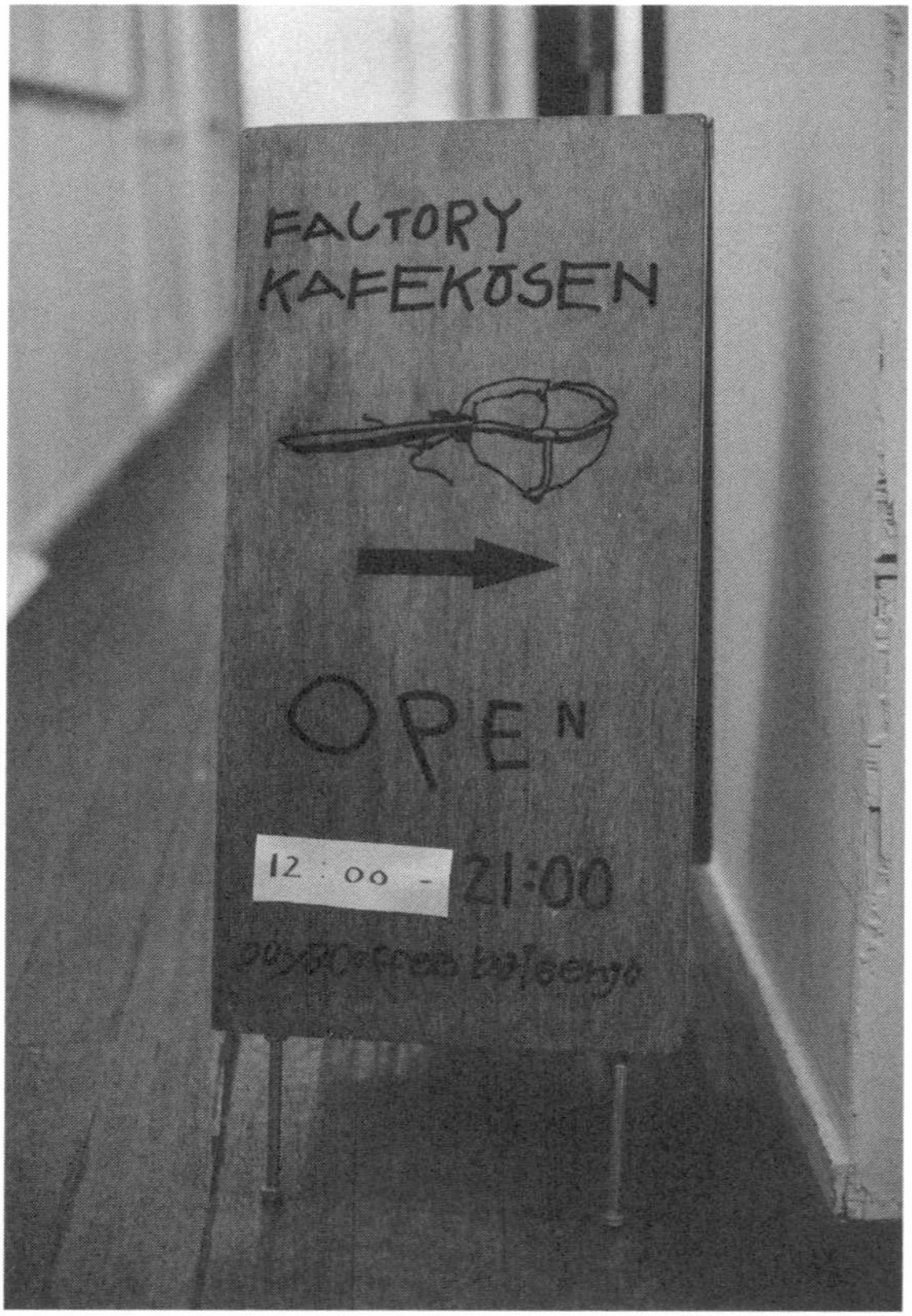
FACTORY
KAFEKŌSEN
OPEN
12:00 - 21:00

大抵皆ピカピカのユニットバスを作るんだよ。本当に風呂にこだわるのであれば、家潰して出た薪で沸かした銭湯に通えばいいのに、なぜかもう薪にはならないユニットバスで満足しちゃうんだよ。

カフェや喫茶店も基本的にはそういう場所だよね。ある種の共有財産であるはずなのに、経営者の都合で定休日じゃないのに開いていないとか。なんか意味ありげな本が置いてあって、そのことについて訊いてほしそうで、なんならそっちの話に客を誘導するみたいなね。そうやって共有の場であったはずの店が私物化されることによって、結果弱くて小さいコミュニティのための場所としてしか存在できなくなってしまう。

共有財産とは必ず私有の果てのもので、例えば銭湯での自由はあくまで清潔な湯船と整頓された脱衣所においての自由のことなのに、必ず自由の履き違えをしてるやつがいるのね。それは一昔前だったら「お行儀が悪い」で終わってた話なんだけどね。昨今客だけでなく、店もお行儀が悪いという状況が横行している。

カフェが共有財産であるならば、「皆で金出さない？」っていう話もおかしくないでしょう？それが成り立ったならば、誰とどういう契約をしたかって明確になるよね。その契約を守っていくことって本当は幸せなことだよ。

皆が強く求めた結果、私有ではなく共有の財産が生まれるような現象って、「欲望の一回転」だよね。ひとつの物事を希求しすぎた果てに、全く別の場所に着地してしまう。でも、それはそれで満たされるはずなのね。扇風機の高速右回転が穏やかな左回転に見える。あれって美しいよね。それだけ私有が回転していたら穏やかな共有が実現するというやつだよ。でも扇風機の左回転が美しいからって、触ろうとしたら手が切れちゃうよね。本当に美しいものは私有できない。これも何かとの契約だね。それにしても最近の資本主義は私有の回転速度が遅すぎで、全く美しくないよね。

消費者がサービスの一端を担う

今朝も思ったけど最近ますます町が汚いんだよね。コインパーキングにゴミが散乱してるだけでなくて、精算機に千円札が全然入らない。やっと入ったと思ったら釣り銭切れで、ふと見ると横に缶飲料の自販機がある。直ぐ側にゴミ箱がない缶飲料の自販機も、コンビニの近づくのも汚らわしいドロドロのゴミ箱も、そのゴミ箱を隠すように置いてる知能犯コンビニも、何を考えてるかわかるだけに腹が立つのね。

ゴミ箱のない自販機の横に空き缶が積んであるんだけど、日々赤の他人が協力して、ちょっとしたオブジェみたいに綺麗に積み上がっていくの。自販機で無人商売やるならゴミ箱くらい置いて、毎朝ゴミ捨てくらいしろよ。よく考えたらなんの意味もない制服、制帽を着たおじさんが一人いるだけで全然違うのにね。いっそ「違法駐車罰金五〇〇万円」って書いてあるほうが楽しいよね。「お金じゃないんだ、暴力振るいたいんだ」ってちゃんと伝わってくるよ。

要するに、客が企業の仕事を手伝わされている。喫茶店レベルのサービス業だと、まだそんなことは許されないはず。立ち飲み屋みたいなところで、自分で冷蔵庫からビール取ってきて開ける、みたいなのとは次元が違う話なんだよ。大将にビール持ってきてもらうには「安すぎる」から客が自発的に持ってくる。その行為が共有地を構成する場合の最低要因だよね。

まるで素晴らしいアイデアのように「シェアしましょう」なんて言うけど、それを勘違いして消費者に押し付けてくる企業や、疑問もなく受け入れてしまう人たちってなんなのかね。

携帯電話の解約でも新規契約でも、ネットでやってくれとかすぐ言われるよね。なんかバイトさせられているみたいじゃない？結局企業の負担を押し付けられていることに対して、それに気づいてるおっさんがドコモショップとかで怒鳴ってるのを見て「わかるよおっさん、こいつら本当ムカつくよね」とかいう少年がいてもおかしくないのにさあ。十代ならそんなことに敏感なはずだよね、なめられていることに対して。でもiPhone持たないわけにはいかないから我慢してるんだよね。絶対必要なモノを手に入れるプロセスとして、そういう屈辱が含まれている。本来おっさんではなく若いやつが暴れるんじゃないの？ジェネレーションの話を別にしても、異様な世界だよね。

反対にＩＫＥＡのあり方なんかは、サプライヤーの分散にどんな思想があるのかは疑問だけど、ソーシャリティもあるし、ビジネスとして正当なものを感じるの。しっかりデザインをして消費者のニーズに応えているのに、ある程度の安さをキープしているから、自分で商品を探し、自分で会計をし、自分で組み立てる労働のシェアと料金のあり方にも納得させられる。でも日本ではガソリンスタンドがセルフ化しているのに、おっさんが入れてくれるスタンドと値段が変わらない。小商いほどＩＫＥＡなんかのあり方を自分規模にアレンジすべきなのに、後者に甘んじているのはプランを立てることに対して無頓着だからなんだよね。

人間が物象化*されつつあるっていうけれど、経済活動での人間の疎外というのは、ウィスキーの味の変化や手動コーヒーミルの個人修理可能範囲で読み取ると一九五〇〜六〇年にすでにピークを迎えていて、もう物象化されきっていたと思うんだよ。今はすべての商品は物象化による疎外がセットでないと手に入らない。高価格低尊厳時代で、人間の尊厳が低いほどいいモノが手に入る。

例えばトランシーバーなら、ここは電波が悪いから遮蔽物がないあっちに移動しようかとか、どういう仕組みのものなのか、われわれはある程度理解しながら扱っていたはず。でも、例えばスマホに関していえば、どうやってこれで通話できてるのかとか全く理解できないように、昨今では自分が使っているモノの、大体の原理さえ理解できないところまできている。

アナログとデジタル、時計やカメラなんかにはその両方が存在するけど、どちらも同じ用途で、同じ名前なのに、中身は全然違う。デジタルは近所の器用なおっさんでは修理できないけど、ちょっと知識のあるにいちゃんならパーツの交換ぐらいは可能で、それを修理と称しているけど実際は違うよね。アナログなら必要な部品を近所の旋盤工に頼んで作ってもらえたけど、デジタルではメーカーまたはそれ相応の専門企業に発注してもだめな場合が多い。

大体の物はアナログで十分間に合うし、焙煎機にしてもデジタル部の個人的改造は難しく、味作りの広がりが限定的になりがちだから、ウチはアナログ機械を使ってるのね。ほぼ自分で改造できるから。例えばデジタルパーツの交換バリエーションに味のバリエーションを任せないことは、われわれが商品や人と関われない世界を了解しません、という意思を持った人間的な商品開発につながるかもしれない。

物を売って、それを消費させて、飽きさせたら次のものを買わせる、っていう社会の中で、人と人との関係は消費から切り離せないという幻想に皆囚われてしまっている。

例えば、雑貨屋でも本屋でもそうなんだけど、本来は自分がなぜこの作家の工芸品や本をほ

＊物象化…人と人との関わり、またはその主体が、モノのそれのようにして現れ、扱われる現象。マルクスが『資本論』で提唱し、日本では廣松渉によって論じられた

しいのかっていうことを本気で考えることのできる場所なんだよ。帰りに喫茶店で他の人の意見も聞けて、自分のサイズの欲望がどういうものかを主体的に考えることができる。

僕みたいな悪いマスターは、「有名な工芸作家のスプーンを買った」とかいうつまらない自慢されたら「君、主体的じゃないから美しくないね」なんて言っちゃうんだけど、いいマスターはちゃんとそれを言わずに気づかせてくれたりするよね。自分の店でそんな非主体的な話なんてされたくないもん。本来その作家の作品がどのように美しいのかとか、自分にとってなぜいいのかをコミュニケーションする場が、喫茶店であり本屋であり、嗜好品を扱う店だよね。

それを求めた結果が、消費だけでなく、美意識の交換や、コミュニティ形成ができる、本屋や喫茶店のような共有財産への渇望だったはず。せっかくそういう、物象化による疎外に抗うような志向、人間性をもう一度問い直すような動きが生まれているにもかかわらず、結局ただのブームに終わっちゃうのがなんかもったいないよね。

そのことを真剣に語っている本は出版されるし、作り手はそういうことを真剣に語ったりするけど、結局それもある種のブランディングで、より悲惨な物象化による疎外という結果を生み出しているように見える。

論理的に、社会を俯瞰して考えた時に、物象化を避けて個人として生きているということは、なかなか言えないと思うんだよ。肌感覚として、僕は僕だと言うことしかできない。そんな中

で、どれだけ「オレとお前」の間で、経済の共有が真実味を帯びるのか、それを何人の規模で共有するのかが、人を疎外せずコミュニティ内の共有財産を有効化する方法だと思うよ。

権威主義の逆をいく

少なくとも自分たちがやろうとしていることに対して簡単な歴史は知っておくべきなのに、全く知らないから、まるで自分たちが始めたみたいな顔ができるんだよね。カウンターカルチャー・ビジネスがやりがちな、「旧権威批判のための新価値観」という権威に引っ掛かっちゃうんだよ。珈琲なんて特にそう。店側と同じく消費者もどの権威がおしゃれなのかっていうのを考えているんだよね。おしゃれな権威が提示するハードルを越えた人になりたいっていう話。客に対しては、この権威に従うならあなたは美味しい珈琲をわかりましたっていう、SCAのビジネスのやり方なんだよね。SCAのムカつくところって、支持者の数が理論の正しさの裏付けになっちゃってることを容認しているところ。

ウチはそうじゃなくって、インディーであることとオルタナティブであることをビジネスにしていきたいと思っている。大きな権威があったらその逆をいくことで商売を成り立たせたい。それはスペシャルティコーヒーを使わないことでも、自分で農園と契約してそのオーナーと肩を組んだ写真を掲示することでもなくて、お客さん一人ひとりの舌に訴えかけていくということ。要するにカップオブエクセレントな「ゲイシャ」を売るのではなくて、SCAと全然違う仕入れ基準と焼き方の珈琲をお客さんに出して客が「美味しいよ」って言ったら「どういうところが？」って訊いて、答えを分析するのね。

人が作ったものの二番手三番手として出世して、後進の育成、結局は権威の足元固めみたいなことはやりたくない。バランスを取ることを重視しているんだけど、昨今珈琲やっている中でも、バランスが悪いなって思う若い子の店って多い。でもそんな彼らがなんで波に乗れているのかっていうと、不思議なくらい権威主義なんだよ。

例えば、ウチの仕事が「フォースウェーブ」だとか言ってもてはやされ始めたとする。仕事の目標のためにお金が入るのであれば一応は乗るは乗るけど、例えばメディアがあまりにそのことを繰り返すのであれば、それは真に受けずにはぐらかす。奥野修さんはそういうメディアや世間との付き合い方を早くからやっていたよね。本人は首を傾げるかもしれないけど、僕はそういう態度を修さんから学んでいるつもりなんだよ。

それに対して、昨今はSNSとかを真に受けてる店がめっちゃ多いよね。この間もとある女性客が来たんだけど、なんかうっすら偉そうなの。フォロワー数が何万とか、僕わかんないから半笑いで「へえー」とか聞いてたら、なんか不満そうなんだよ。あとからいろいろ聞いたところによると、そういう人の発信で店の売り上げが変わるみたいなね。でもそれってタウン誌かなんかのライターがやってきて「今度うちの雑誌で紹介させてほしいんですけど」とか言われて鼻高々になってんのとなんら変わらないんじゃない。どんな業種であれ、そんなくだらない権威に付き合う必要は一切ないと思うけどね。

怖いのは、中にはそれで利益を得て食っている人もいるんだろうけど、もはや本質は収益ですらなくって、何十年も珈琲や料理の仕事をやってきた人たちとインスタグラムでは肩を並べている風なそぶりをすることで満足を得るみたいな構造だよ。一〇〇万円もらうよりもそういう権威と自分が同じ立場にいることのほうが報酬、みたいな。なんなら自分が生まれる前の歴史も踏まえて仕事をしている人たちに対して同等のように振る舞うやつすらいる。何年もやってるっていっても、たかだか数年の話でしょう? インスタグラムなんて。それってもう資本主義通り越して精神世界の話みたいで恐ろしいよね。あれなんなんだろうね。こんなに遊びのツールを皆が真剣に使っている時代って珍しくない?

――グランド・オオヤコーヒホテル構想――

――僕は途中でうどん屋入っちゃう

最近は神奈川県藤野の家の前にある五アールくらいの休耕地を借り、開墾して、野菜と山葡萄を育てているのね。それはまだ珈琲とは全く関係のないことなんだけど、まともに味と社会との関係を俯瞰しようと思った時に、農園っていうのは誰しもが考えることなんじゃないかな。歳とって八十歳くらいになって、密造酒作って逮捕される、みたいなことにもロマンを感じるし。ワイン品種じゃなくって日本に昔からある山葡萄で酒造ってた、とかってニュースになったらなんかよくない？どうせならマリファナ育ててたとかより、こっちのほうがオルタナティブでカッコいいよね。

二十代の頃から自然農法には非常に興味があって、京大でやってた福岡正信*を呼んだ研究会なんかに参加してたのね。これまで庭くらいの規模で、やっては失敗しを繰り返してきたんだけど、釣りと農業には反抗のロマンを感じるんだよね。

生産や原理に近づいて外部からの影響を極力受けないっていう志向は、店や仕事とは関係なくずっと自分の中にある。十代の頃、ギターを買ってもらえる機会に、エレキギターを前にして「せっかくこんなカッコいいギター買っても電気がなかったら鳴らないのか」と思って、アコースティックギターを買ったことがあるくらい。どこかそれと近いことのような気がする。

なんにもなくなっても死なない、というよりも、不幸になってたまるか、というところがある。現代においてアルチザンやインディーズであることって、消費誘導社会と共倒れしたくないってことでしょう？労働者が物象化されないための意思表明でもある。大事なところは、根源的安定はある種の反抗でもあるんだよ、多分。

自分の作った会社の管理などという本来やりたくない仕事に達した段階で、自分の作ったものを売却してもういちどインディーズに戻すっていうこともそういう考え方だと思う。種まいて、水あげて、刈り取って、っていう範囲の仕事じゃないと安心できないっていうね。

ウチの強みは焙煎機を自分で改造して、自分で修理できるということで、そういう焙煎家は今や日本にはほとんどいないんじゃないかな。サンフランシスコのコーヒーマンたちは、ヴィンテージ焙煎機のカスタムから始めていたけどね。自

＊　**福岡正信**…一九一三―二〇〇八年。「余計なことはしない　しかし 放任することは違う」という考え方のもと自然農法を実践、確立。著書に『わら一本の革命』（春秋社）ほか。

分たちのイメージする味は、市販の現行品では実現できない、というスタンスだよね。人に頼むにしても、この仕事だったら車の町工場でも鉄工所でもタダでやってくれるようなことなのに、正規のルートだったら一万円取られる、みたいなことにも敏感でありたいね。

生産の構造を理解し、既存の経済からの独立を目指して、関わる人たちと必然性のある場を共有すべく考え続けてきた結果、つまりサステナブルな反抗を目指して行き着くところがホテルの経営だった。二〇一二年には鎌倉に宿泊型レクチャーの場である「鎌倉ハウス」を実験的に作ったんだけど、人間関係の破綻でこれも失敗に終わった。運営やサービス、デザインなどのサイズ感を熟考する重要性を学んだね。またやってしまったと思いつつ、今までブランディングや資金調達など、外に向いていたベクトルを、雇用や福利厚生、経営パートナーとの人生設計など内に向けなければ、独立を維持できないということに気がついた。

「山の上ホテル」[*]を作った社長がね、田舎からの集団就職の子たちを雇って、なまっていようが、お辞儀の角度が浅くっても良くって、それよりもあなたの地

＊ **山の上ホテル**…東京、神田のクラシックホテル。一九五四年開業。

元でおじいさんおばあさんを大事にするような言葉を使ってサービスをするんだよ、って教育をした。そうして社員が成長していった、みたいな話を読んだのね。それって世界に対しての日本のローカリティであると同時に、サービス業の物象化から労働者を守る術を示唆する、反抗のビジネスモデルのひとつだよね。世界標準のサービスではないけれど、それで満足した人がたくさんいる。満足しない人はおそらく、権威としてのホテルのあり方と違うっていう理由だと思う。

それを理解するコミュニティの形成や、サービスの本質を自分の経験値から探り出して、メンバーたちとともにビジネス展開する、みたいなことに憧れて、漠然とホテルをやりたいなって思い始めた。ウチのバンドもそろそろ昔ながらのメロディに新しいコードつけて演奏するか、みたいなことをやりたくなったのね。

ごく日常的な安い珈琲屋をやるのか、考え抜かれて手の込んだものを出す特別な珈琲屋か。僕は後者を目指してきたんだけど、歴史を参照すると近代珈琲の本質っていうのは大量消費を前提にしたものなので、毎日飲めるものでないといけない。そういう商売なんだなとも思うのね。だからといって価格競争に参入することもやりたくない。そうするとやっぱり朝だなって思ったんだよ。

サンフランシスコでもグアテマラでもリトアニアでもそうだったんだけど、珈琲屋は必ず七時くらいから開いている。日本を考えると、そこガラ空きだなって。朝ご飯を徹底的にやって、そこならば安い珈琲が何杯でも出せるだろうし、安い中でも最もいいものを出そうと。それを確実にかたちにできるものがホテル。毎日飲める珈琲と、こだわりの珈琲、その折り合い点がそこにはある。それに、ホテルのルームサービスやラウンジの珈琲って、異常に高いと言われてきたよね。そのことに根拠を与える隙間がまだ残っているはず。だから一時期は、ホテルの朝食をいろいろと食べ歩いて勉強したね。

それをやっているうちに、今度はコミュニティの話になってくる。近いところで生活をともにしている土着的なコミュニティが昔ほどなくなった。で、今は同じことを考えたり、同じ価値観を持った人たちによる地政学的なものを無視したコミュニティが生まれつつある。でもそこには「ライフライン業」や「手数料業」が必ず関わってくる。それらが国営ならばわれわれはコミュニティのために誇り高く税金を払うことができるんだけど、郵政も国鉄も民営化されている。ライフラインや手数料が民営化されるということは、弱みにつけ込む行為であり、他人の茶碗に手を突っ込んでくるようなものだから、絶対に反抗すべきことだよね。僕らのコミュニティとは関係なくお金を取るそいつらは、いわば店作りにおける銀行みたいな存在のこと。地勢的に離れているコミュニティっていうのはいかに強固につながっていたとしても、それを保つには必ずライフライン業、手数料業が関わってきて中間搾取されてしまう。それって弱みだし、その弱みが経営のコンセプトを既存のものに貶めてしまう。

だから、そこでホテルを持つことによって、コミュニティの成員がそこに滞在することができるのは非常に大きなこと。来るときに移動費はかかるんだけど、少しだけ意味が違う。移動費がかかったとしても、物理的な出会いや、その場の交換が生まれる共有地の存在は、十分に経費を相殺する価値を持っている。そのことは「山の上ホテル」、「ホテルオークラ」、「ザ・カーライル」や「チェルシー」なんかの歴史が実証してくれているよ。もし作れるのであれば、例えばそれが十室だけのものだとしても、珈琲屋にとっては文化的に非常に有効だなと。

根本は「パチャママ」やっていた頃の、自分をリスペクトしてくれる人たちに対して珈琲を出したいということなんだけど、その中心が自分のパーソナリティではなく、サービスとか味でなければならなくて、だから「伝説のオオヤさんの珈琲」みたいな権威化をされないために、バンドでやる。メーカーを作りたいと思っていて、その集大成がホテルなんだと思う。「グランド・オオヤコーヒホテル」と名乗る以上は、トイレのタイルにまでオオヤコーヒの思想を反映させるつもりだよ。

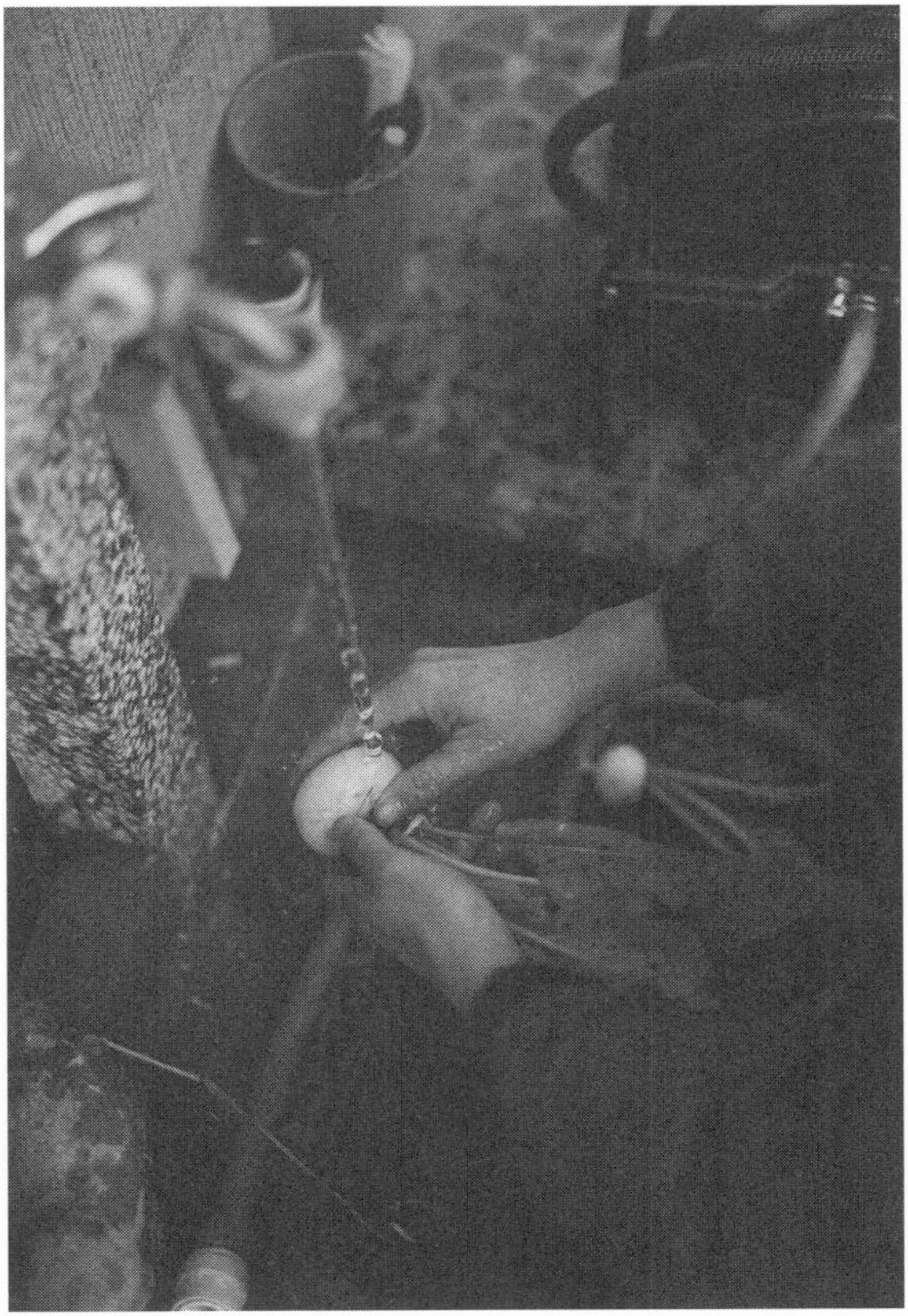

いいカフェに行って、ちょっと洒落たご飯でも食べようかって、腹すかせながら歩いていて途中でうどん屋見かけたら、昼はうどん食べといて、カフェには珈琲だけ飲みに行こうかっていう人めっちゃ多いと思うのね。ということは、僕らはうどんをやらないといけないんだよね。朝ご飯もトーストではなくって味噌汁とご飯食べたいよね、なんて考えからスタートして、日本の、京都のローカリティってなんだって真剣に考えたら、「カレーまでは日本っぽいよね」とか思い至る。そのリアリティを小さいホテルであっても、グランドホテルやオーベルジュの思想に重ねて、現実可能なアイデアを練らないとね。

うどん屋行ったら、巻きずしといなりがあって、ビールも置いてて昼からは団子やおはぎが並んでっていう店、まだいっぱいあるよね。それってスペインでいうバルみたいなもの。朝から晩まで使えて、お茶一杯飲んで、っていうのが本当で、憧れの文化を表象ではなく、自分のローカリティに取り入れて解釈しないと、客と「カッコいい」は共有できないはず。カフェには憧れが習慣化して根付いている部分もあるけれど、それを信じるにはまだ重ねた時間が短すぎる。僕は途中でうどん屋入っちゃうしね。

それを珈琲屋としてどういうふうにできるのかなって考えた時に、まだ理由はわからないけど農園を始めてしまった。珈琲は一〇〇パーセント輸入だけど農業ではあるし、ワイン造りは焙煎家が関われない珈琲の一次加工のプロセスと共通点を持っている。僕らはサンフランシスコの連中みたいにしょっちゅう産地には行けないし、産地に近い経験は絶対に積む必要がある。農業をやるっていうのは珈琲産地のローカリティと自身のローカリティが重なる部分を体験できるよね。そこには常に片足突っ込んでおかないと。

日本オリジナルの食べ物、飲み物を、憧れと供に世界から注文してもらえないとね。それに、珈琲やワインを、日本のローカリティを根拠にした文化として世界にプレゼンすれば、いくら日本が貧しくなっても、それは現地で飲み食いしないと意味のないものだから強いよね。輸出しているのとほぼ近いし。だから農園っていうのは絶対に外せないし、可能性としても農業をロックンロールみたいにしてブランディングするっていうことも見えてきているよね。

問題は、農業が国家に掌握されていて、国民が自身の手に握っている実感がなさすぎること。そんなことを、いつか実現した「グランド・オオヤコーヒホテル」で客同士が議論して、国家権力に弾圧されたりしてほしいもんだよ。

ロートレックの料理法
フランス料理の基本
アート・オブ・シンプルフード
CHEZ PANISSE CAFÉ COOKBOOK
WATERS
The Blue Bottle Craft of Coffee

第六考——作り手ではなく飲み手、もらい手ではなく出した側

——法律というルールよりも、もう少し奥深くて、確実なもの

その価格の根拠は何か

あらゆることや人々の考え方が劣化してきている。劣化という言い方がきつくてキザだったら、ずるいとか欲深いと言い換えてもいい。その欲深さっていうのも、家族や仲間を守るための主張じゃなくて、なんなら家族を犠牲にしてでも自分だけが一秒でも長く生き延びるため、みたいな感じがするんだよ。今って、その積み重ねが社会を動かしている状況のピークに達しているような気がする。大人も子どももずるがしこいことになってきたよね。

本来商売や人間関係には無関係なはずの、個人的な事情をわかってもらいたがりすぎで、もはや暴力的ですらある。

例えば、絵描きの場合なら、自分の心象風景から始まって、なんちゃって哲学者や、なんちゃって文化人類学者のようなコンセプトを、画商や批評家がコーディネートしている。その風景もコンセプトも絵を感じる側の私的なものだし、世界中の誰しもが、自分の心証風景も、知りうる限りの知識に基づいた世界に関する考察も、自分だけの経験値からの判断も、自分だけの不思議体験も、等しく持っているはず。だから自分の中にある価値基準はフラットなもので、それに基準を置く「美しい」や「美味しい」は、発信側にとっては無意味であり、受け取り側が自らの知性や感受性を刺激することにしか意味がないはず。「もともと珈琲が飲めなかった私でも飲める、私の焼いた珈琲を、同じ思いの皆に体験してほしい」とか、本当に余計なお世話。なんなら世界中が同種の事情を、なんらかの対象にぶつけ合いすぎて無意味化してるよね。店も客も契約違反に対する事情を説明し合ってる。契約を守れない事情とそれを看過するわけにいかない事情を擦り合わせて、店や町はその折衷案として存在し、それを民主的だとしている。

昔は悪徳企業がやってたことなんだけど、それとほとんど同じような感じで、個人経営や、小商いと呼ばれるような人たちが、騙すつもりなくして不当に利益を得ることが上手くなった。事情さえあれば何やってもいいのかね。勝手にやればいいんだけど、複雑なのはお客さんでさえそれを許容していること。自分の子どもには、道徳的に決して許容させないような話なのに、それを疑問にも思わずに受け入れちゃってるんだよね。

契約を守ることに対してデメリットを感じる世の中っていったいなんなんだろう。

例えば、めっちゃ腕前のあるシェフと全然腕前のないシェフがおんなじ値段の材料使って料理作ったらおんなじ値段になる、とかそんなことあり得ないはず。工芸の世界でもそうだよね。ぽっと出の、四年、五年目の木工作家が、今まで努力してちょっとずつ値段を上げてきた作家と、同じ値段でスタートできるみたいなことが今起きつつある。

それのどこが悪いんだって問われたら別に好きにしたらいい、って個人的には思うんだけど、問題が出てきているならそこが問題だよね。「何が問題なの？楽しいよね」って言うなら、それでいいんだけど、皆それのしわ寄せ、結果としての社会にイライラしているよね。そのイライラの根本はそういうところにあると思うんだよね。つなげてみて、頭の中で。

ほとんどの事情が損得にしか由来してないからだよ。得したい事情と、損したくない事情しか見当たらないから。物象化された経済における小商いの経営、客との関係、労使の関係は、結局損得だけのことになってしまう。そりゃあイライラもするよね。

そういうのって近現代のアートムーブメントぽいんだよね。だってさあ、絵描きって、カンバスと絵の具とかのグラムで原価計算して定価作ってないでしょう。僕らは原価の三倍に平均賃金足した程度で商品として提供しているのに、何百倍になるんだよっていう話だよ。例えば原価七〇〇円でできた絵を「有名じゃないから人件費考慮して一七〇〇円ね」って言ったら「十五万です」とか言ってきてさあ。その値段どっから出てきてんの？って訊くと、「一枚の絵が完成するまでにたくさんの苦労があるんです」って、やっぱりそこでも事情に課金してくるのね。そんなの僕らでも考えてやってるよって。土方のオッサンも左官屋だって、何年もかけてやっている。なのになんでアーティストだけがそんな値段とれるの、って言うとものすごく怒るし、「嫌だったら買わなければいいんだよ」って答えが返ってくる。まさしくそうだし、アートにおいてそのような価値は非常に大事なんだけど、それを商売に置き換えると何かが間違っていることだけは確か。アートの価値付けのプロセスに倣った時点で、小商いは経済の成り立ちから疎外されてる。だってアートは貨幣の成り立ちからの疎外を試みてるんだから。

何かが間違っているのなら買わないほうがいいよ。でも買う人は「価値があるから」って言うのね。その場合の「価値」ってなんだろう。アーティストの事情に課金できる社会的理由。そんなもん絵に感動することと何も関係がないよね。僕らの心の事情を何かに導いてくれるものを、僕らが決めることが「価値」だし、月収四〇万円の人が一二〇万円出す価値はそこにしかないんだよ。そして画商がその仲介者だというなら、画商や美術館は作家の事情に課金するということにおいて契約違反だね。だってそうやって決まった価格の絵を買った人は、資本主義的な優越感しか満たされないもの。もしアーティストが、自身の事情に課金することが許される社会契約の下にいるとしても、それは個人の所有欲や優越感を満たすためのものではない。カルヴァン派にしても勿論そのために勤勉、勤労するわけではないし、今日における資本主義の衰退や空洞化を進める所業だね。

最小の労働で最大の利益を考える小商いを標榜する人は、この辺考えてみてほしい。好きなものを、自分の賃金で手に入れる喜びを感じたいお客さんは、このようにして価値が定められ、買わされることや、買ってしまう自分に抵抗すべきなんだよ。人間の疎外前提の「あっち側」と、

疎外に抗いながらビジネスチャンスを求める「こっち側」。「こっち側」は無知故に「あっち側」の真似をしがちだけど、アーティストの勘違いの質を見てもわかるようにそんなの時期尚早だよ。小商いに必要なのは共有地であり、植民地ではないのだから。

この話を喫茶店に置き換えるならば、こんな感じかな。

他店より美味い珈琲を出して評判のいい店があるとして、その焙煎方法や抽出法は限られた人や店にしか出せないとする。そういう場合、客の方が、もうちょっと高くしても豆を買うし、店にも通うという意思表示をすべきなんだよ。極端な話、自分の収入では手に届かないものになったとしても、本当に美味しくて価値のあるものには、その価格を認めるのが民主的でリベラルな態度のはず。

反対にそういった現象を、主体的にではなく、メディアの情報や、作られた話題性で受け入れてしまうのが権威主義者。例えば、ある店が、これ以上の美味い珈琲を出しても消費者にはわからないレベルまで到達したとして、そんな中で頭一個抜けるために、ラーメン屋にサクラが並ぶなんて話とそう変わらないことだけど、付加価値として情報発信に力を入れ始める。珈琲と全く関係ない、なぜか高級感を狙ったオレンジ色とかミントブルー*の箱に豆を入れて売り出すと。それを高級ブランドみたいなものと錯覚して、喜んで高いお金を払うようなバカバカしいことを平気で受け入れてしまう客がいる。

そういう状況をバカにして「それＭＡ−１の裏地の色？」とか訊くと、ムッとして「エルメスです」とか言ってくるから、「おっ、ついに言っちゃったね！」とかさあ。そういうやり取り自体は面白いんだけど、そういうのってちょっと学力が低いと思う。

お客さんにも非権威主義者でいてもらわないと、そういうつもりがなくともお店側も権威主義に陥ってしまう可能性があるんだよ。

その結果、生まれた大衆と権威との分離状況に消費者はフラストレーションを抱くことになる。そのようなフラストレーションを抱えた大衆の多数決で物事を動かすことをポピュリズムといって、その多数決の結果はかつてヒトラーの地盤を固めてしまったよね。「美味しいユダヤのパンより、まずくてもドイツのパンを」というスローガンがあの不幸の始まりだったと考えると、喫茶店でのわれわれの営みは、世界的不幸に直結することなんだよ。

正しいことと、「皆が楽しい」ことは決して一緒じゃない。経済的に幸せなら皆それぞれでいいわけじゃない。

商売をするということは、必ず誰かと何かの約束をしているんだよ。その約束がないはずはない。もしその約束がなくて、なんでもいいんなら、喧嘩が強くて武器を持っているやつが勝つんだよ。その力を資本と言い換えてもいいかもしれない。そういう野蛮状態の社会もあるで

---

* **ミントブルーの箱**…ティファニー風。

しょう。でもそうならないということは、どんな不良もなんらかのルールを守っているということなんだよね。

中にはルールを破る専門家という人たちもいて、彼らは社会からはみ出した場所で差別されて生きているんだけど、圧倒的に強くてその人たちが道通っているだけで皆避けて通るような、アンダーグラウンドの人たちね。あの人たちは、ルールがあるからこそわざとルールを違反する立場を、なんらかの責任を持ってやっている。だから特別に強い。でもわれわれはそうじゃない。じゃあなんのルールに則ってるんだ、っていうのが喫茶店を考える上での一番はじめのスタート地点。

「そこから始めるの?」とか、「そんなつもりでカフェやってない」とか言うんだけど、残念ながら喫茶店なりカフェをやる以上、その商売上において、誰かと何かの契約がすでに交わされているんだよ。それは法律というルールよりも、もう少し奥深くて、確実なもの。そのルールを無視することは誰一人できないんだけど、無視しようとする人は必ず良くない店を作る。

契約とは

はじめからわれわれは契約して喫茶店なりカフェなりの看板を上げているはずなのに、それを勝手に、右にも左にもとれるような拡大解釈することによって、最初の契約内容が死んでいくんだよね。自分に有利な時だけ契約を謳うことで、それを殺してしまっている。

結局、珈琲の味や、香りをどう表現するかは作り手ではなく飲み手なんだよ。そして、出資したお金の責任をどう取るかは、もらい手ではなく出した側の問題であり、お店をどのように作るかは施主ではなく結局大工の腕であるから、公共の場とは本来空洞の場。そこをどう空洞化させるか、空洞をどのようにデザインするかが、店と社会との契約履行なのかもしれない。

そして、客の役割は美味い不味いは元より、値段と味と作り手の姿勢を評価、批判、提案することと。その珈琲を誰とどんな時に、どのような話のために注文するか。何かを感じているにもかかわらず、作り手の表現を拝むような社会や消費のあり方が、結果ローカリティの喪失、個人の疎外を進めているんじゃないかな。作り手の思いなんて、ただの苦労話や身の上話でしかない。

ロラン・バルト*じゃないけど、飲み手の批評があってはじめて珈琲や店が社会に存在している証になる。珈琲屋の店頭で「私、珈琲のこと何もわからないのですが」から始まるコミュニ

---

* ロラン・バルト…フランスの思想家。写真論から日本文化まで幅広い分野を横断し、批評活動を展開した。

ケーションから、「君、珈琲の専門家ならば相談に乗ってくれたまえ」へとシフトしていってほしいよね。

［イノダ］にも［雲仙］*にも、珈琲にミルクと砂糖をどのくらい入れるかもう決まっているお客さんがいて、そういう主体性を持った客が店にとっては一番怖いんだけど、同時にやり甲斐がある。そういう人たちの「美味しい」を社会の成り立ちの中に考えることが、仕事の上達に大きく影響するんじゃないかな。

現世界の消費構造から、社会と店の契約履行を取り戻す、つまり「いい店」を再生するキーは、消費する側が自身にまつわるあらゆる出来事の総体として、消費を決心して消費を表現すること。店は権威でも、オカルト的なヒーリングの場でもなんでもないんだよ。

---

* 雲仙……一九三五年創業、京都市下京区の喫茶店。

あとがき

オオヤミノル

喫茶店経営に携わり三十五年が経った。その間、街はその姿を変え、人々の営みは街の景色に大いに影響されて今日に至る。
そして僕は今、最悪の景色を目にしている。

ショッピングサイトを利用してモノを売るには手数料が発生する。頑張ってたくさん売っても、工夫して高額なものを売っても、いずれにせよ歩合を取られるので、サイト運営会社はますます儲かり、そのうち同等のシステムが手に入るくらいの手数料を払う結果になる。
バカバカしいから自分たちでオリジナルサイトを立ち上げて販売を始めても、クレジットカードや電子マネーの決済手数料、運送料、あらゆる商品になんらかの意味での上乗せがされる。ウチの珈琲が美味しいのには、カード会社も運送屋も、ショッピングサイトにも一切関係がないのに。

悶々としながら郵便局へ釣り銭を両替しにいくと、そこでも両替手数料を取られた。腹いせに郵便局の前にタバコをポイ捨てしたら、近所の善良な市民然としたおじさんに怒られてしまった。この日に登場した人々は、僕の美味しい珈琲が生まれるプロセスに何一つ関係のない人たちである。

しかし僕の珈琲の値段を決める人々でもあるのだ。

「自身」でいる限りは思想を貫くことができるが、「営み」とは、社会からの影響が切り離せないものである。喫茶店が味において個人の思想の場であると同時に、サービスにおいて営みの成熟の場であると考える僕は、不覚にも三十五年間このような景色に至る要因の片棒を担いできたのだと、最近の左肩の痛みとともに反省するばかりである。

本書は、そんな最悪の景色の中で、「自身」というものをあらためて考え「営み」の再点検を試みた、僕の経営反省指南書である。風景の悪化に拍車をかける表象のコピーではなく、喫茶店のあり方や構造そのものをあらためて捉え直し、組み立てるためのアイデア本として読んでいただければ幸いだ。

僕の「飲み屋語り」をしらふの文章に変え、フィールドワークだと言いながら楽しい小旅行に付き合い、そんな作業を「セッション」などと称し、『『最悪の景色』における喫茶店の諸問題は『下部構造』をこそ語るべき」などとうそぶきつつ、解離甚だしい僕の話を「ディスクール」という言葉につなげてくれた、完全に共著者である誠光社の堀部君。

そして、末期的消費社会を語る中、誤読や悪意においては悪口とも解釈されかねない文脈に置かれることを、おそらく許してくれるであろう珈琲の諸先輩と仲間たち。

彼らとのそろそろ長くなる付き合いは、僕にとって最悪から少しばかり差し引かれる「良い景色」である。

本書が、気がつけば最悪の景色に囲まれていたみなさんの再生のヒントとなることを願って。

AMERICAN
SPIRIT

オオヤミノル

一九六七年生まれ。
ナショナリスト　キライ。無意識な職業蔑視　大キライ。無知でいいとの考え　キライ。体型に無頓着な人キライ。笑えないコト　大キライ。無意味な説明　キライ。お近づきになりたがっている人　キライ。細切り豚肉　大キライ。権威主義者を肯定する人　キライ。ブラック労働者キライ。で珈琲の仕事三五年。

喫茶店のディスクール

オオヤミノル

初版発行　二〇二三年二月一〇日
第三刷発行　二〇二三年六月一九日

写真　キッチンミノル
デザイン　Studio Kentaro Nakamura
校正　牧智美
印刷　モリモト印刷
発行　誠光社
六〇二-〇八七一
京都市上京区中町通丸太町上ル俵屋町四三七